THEME 52

玩日本排行程超簡單 西卷

關西・北陸・山陰山陽
四國・九州・沖繩

圖解**39條**行程規畫路線×
景點×交通×住宿×票券×美食全制霸

MOOK

目錄

THEME 52

玩日本
排行程
超簡單 西卷

目錄

THEME 52

玩日本排行程
超簡單 西卷

玩日本
行程規畫術

你擔心的，由我們來告訴你～

我不會說日文，不可能
去日本自助啦！

做功課好麻煩哦，
要從何開始？

看那地鐵圖密密麻麻，
我害怕迷路耶……

身邊愈來愈多的朋友自助去日本玩，

總覺得羨慕，卻沒有勇氣踏出第一步嗎？

想要嘗試不被固定行程綁住，

完全能夠自由作主的旅遊形式嗎？

我們了解你因未知而感到卻步，

在這裡，幫你一一點出行程安排的眉眉角角，

快跟著我們一起，

一步一步安排屬於自己的完美行程！

我應該怎麼決定 這次旅行的範圍呢？

當要前往日本旅行時，要一口氣玩完全部知名景點，除了有錢更要有閒，
日本比你想像中的還要大、可以玩的東西很多很多！
當要開始安排行程時，最好先決定要玩哪一區域。

Tips

建立Google 「我的地圖」

搜集好想去的景點後，至Google地圖將所有景點全都點進去。這時各景點在地圖上的方位便十分清楚。搞懂想去景點相對位置，掌握方向感是規畫行程的成功開始！

以京阪神或以單一城市為主

通常一開始會以單玩一個城市為主。
以西日本為例：
◎只玩京阪，安排5天行程
◎只玩京阪神，安排5天行程
◎只玩岡山，安排3天行程
◎只玩福岡，安排3天行程

單一城市可再串聯近郊

有信心的人，可以單一城市再結合近郊景點。
以西日本為例：
◎京都2天+奈良1天+琵琶湖1天
◎大阪2天+岡山2天
◎京都2天+天橋立2天
◎廣島2天+宮島1天+尾道1天
◎福岡2天+門司港1天+下關1天

進階者可串聯多個城市

需要帶著行李移動在多個城市之間，進出機場與串聯交通都是要注意的。以西日本為例：
◎大阪2天+岡山1天+直島1天
◎廣島3天+松江2天
◎岡山1天+鳥取2天+境港1天
◎福岡2天+熊本2天+鹿兒島1天
◎金澤2天+富山3天

玩一趟日本大概要準備多少錢呢？

機票、住宿與一些景點門票，在出發之前心中應該已經有底了。一般來說，日本的食衣住行樣樣都貴，物價約是台灣的2~3倍，當然偶爾還是有撿便宜的時候。

大致物價上可以參考以下的數值：

吃東西可以抓
午餐￥1000
晚餐￥2000

玩日本好貴要怎麼省？

《京都公車旅行》以京都巴士1日券為主題，介紹玩京都的巴士路線！不妨照著書玩，把錢花在美食、購物上吧！

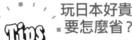

電子書

麥當勞大麥克漢堡￥410
星巴客拿鐵小杯￥415
松屋牛丼並盛￥380
觀光區霜淇淋￥350起
一蘭拉麵￥890
咖啡廳蛋糕￥350~550
懷石料理￥5000~10000

行

JR特急HARUKA京都來回票￥3260
大阪地下鐵1站￥140~180
京阪神計程車起跳￥620~680
車站寄物櫃小型￥600/天

樂

大阪城天守閣門票￥600
流行雜誌￥690~1000
看電影￥1000~1500
穿和服￥2900~10000

我要怎麼選擇
住飯店還是旅館？

訂房時，決定因素不外乎是「價格！地點！交通！」交通、地點好的飯店一定搶手，價格也稍貴；若以價格為考量，則是愈早訂房愈便宜。一般來説，日本的住宿可分為以下幾種：

飯店 擁有優越的地理位置或環境，服務體貼、室內空間寬闊，以及完善的飯店設施，適合想在旅行時享受不同住宿氛圍、好好善待自己的旅客。

溫泉旅館 孕育自日本的溫泉文化，特色露天溫泉浴場、傳統與舒適兼備的和風空間，或是可在房內享用的懷石料理，住宿同時也能體驗日式文化的精華。

連鎖商務旅館 多為單人房和雙人房，乾淨的房間、衛浴、網路、簡單早餐，符合商務客和一般旅客需求。東橫inn、SUPER HOTEL和Dormy inn都是熱門選擇。

青年旅館 划算、簡單的住宿，也有套房或雙人房，但主要是宿舍式床位，衛浴公用，大多設有公用廚房、付費洗衣設備，還有交誼廳讓旅客聊天交換訊息。

民宿 民宿的主人、建築特色和當地料理，都是吸引人的特點。民宿房間通常不多，設備也較簡單，日式西式、單獨或共用衛浴都有。因為是私宅，大多都設有門禁。

膠囊旅館 膠囊旅館雖然只是個小空間，卻也有床、插頭、WIFI，衛浴共用，豪華一點的還有電視、保險箱。床位大多以拉簾遮蔽，擔心隱私與隔音效果的人不建議入住。

公寓式飯店 長住型飯店有著與旅館不同的氣氛，坪數寬廣，廚房、客廳、臥室等空間齊備，旅客可以度過悠閒時光，在此找到真正的生活感、休息與放鬆。

懶人看這裡就對了！

類型	飯店	溫泉旅館	連鎖商務旅館	青年旅館	民宿	膠囊旅館	公寓式飯店
背包客、省錢			◎	◎	◎	◎	
小資族、精打細算			◎		◎		
家族旅行、親子旅行	◎	◎			◎		◎
渡假、高品質	◎	◎					◎

Tips

訂房時被要求輸入姓名的平假名、片假名？

日本在訂票、訂房，常被人詬病的便是需要輸入姓名的平假名／片假名拼音。若是遇到這種網站，卻又不會日文的話，可以使用「Name變換君」app，只要輸入中文姓名，便會自動變換成日文拼音哦！

變換君

怎麼決定住宿地點？

主要還是要先確定「行程」再來安排為佳。以大阪府為例，若只考慮交通便利性的話，一般只要以飯店「距離主要車站的遠近」來判斷即可。若要串聯近郊行程的話，則可以參考：

滋賀 從京都駅、大阪駅搭乘JR東海道本線前往較便利。或是可以入住滋賀的大津駅附近，房價比京都更便宜。

有馬溫泉 只要利用神戶市營地下鐵轉神戶電鐵就可輕鬆到達，三宮當然是最佳起點。

天橋立 伊根 一般多從京都搭JR到天橋立，接著轉乘丹後海陸交通巴士，路途頗遠，建議出發前就落腳京都駅周邊。

和歌山 最方便的是從南海難波搭乘南海電鐵前往和歌山、高野山，也可利用JR阪和線直達，大阪、難波、天王寺都是可考慮的住宿地。

伊勢志摩 利用近鐵列車前往可省下轉車麻煩，大阪難波、京都等近鐵站周邊都不錯。

山陰山陽 住在山陽新幹線沿線大站，像是岡山、廣島等地，再換乘地方鐵道前往各景點。

九州 博多車站、福岡市區絕對是首選。這裡是鐵路、巴士的集中站，不管要去什麼景點都有完善交通設施。

不用擔心，住房問題我來解答！

Q 一般飯店房型有哪幾種

A

single／シングル／單人房：一張床
twin／ツイン／雙床房：兩張床
double／ダブル／雙人房：一張大床
triple／トリプル／三人房：可能是一大床、一小床或三張小床的組合
ladies floor／レディースフロア／女性專用樓層：只供女性入住

Q 我帶小孩一起出門，幾歲以下免費呢？

A 一般規定為入學年齡（6歲）以下的兒童免費，但還是以各旅館規定為準。

Q 日本需要放床頭小費嗎？大概多少？

A 服務費都已包含在住宿費用裡，因此並不需要額外支付小費。

Q 一般飯店有供餐嗎？

A 大多數飯店設有餐廳，會提供餐點。但是否提供「免費」早餐，則不一定。有的時候房價便已經包含早餐，有時則是「素泊」並不包餐，訂房時要注意。

在日本搭電車好可怕？

第一次自己在日本搭電車？不用緊張，其實在日本搭電車就跟在台灣搭捷運、台鐵火車、高鐵一樣簡單。只要注意要搭的路線，了解各家私鐵、JR、地下鐵的差異，一切就解決啦！

> 把地下鐵當做捷運來想就對了！

JR西日本
包含廣大的關西至北陸，連山陰山陽都是其範圍。範圍十分廣，所提供的PASS也十分實用，是玩西日本最常被使用的交通系統。

JR九州
九州廣域的主要交通系統。新幹線貫穿南北十分方便，並有多班特色列車，持PASS可搭乘，可別忘了事先確認時刻表。

JR四國
四國的主要交通，地廣人稀，離開城市後班次十分少，搭乘時一定要先確認好時刻。

阪急電鐵
連接京都河原町，至梅田、三宮的私營電車。行經路線多為住宅區，是當地人的通勤工具。

阪神電車
以大阪難波為中心，往西向神戶方向延伸。電車也與近鐵奈良線做直通運行，票價較為便宜深受庶民喜愛。

近鐵電車
京都以東，一路延伸至奈良、三重、名古屋地區的超大私鐵。搭乘特急列車需要另外付費，也有PASS可以購買。

山陽電車
連接神戶三宮與姬路的私鐵，路線與JR姬路線幾乎重疊，但票價平實，且停的站很多，搭車時間也較長。

西日本鐵道
九州福岡的私鐵，沿線較被認識的景點為太宰府、柳川等。近年來積極推展觀光，也有不少觀光列車與套票。

一畑電車
連接島根松江與出雲的私人電車，路線沿著湖邊行走，風景美麗。

> 就像悠遊卡、一卡通一樣便利～

Tips ❶ 普通車、特急、新幹線
除了地下鐵之外，JR與私鐵皆有依停靠站的多寡來劃分車種，一般來說，搭乘快車都需要再額外付「特急券」的費用，而這種情況下，還有可能分為指定席、自由席等，價格也會依距離、車廂而有所不同。而新幹線則是JR串聯全國的快速列車，像台灣的高鐵也是使用日本新幹線系統。通常在作長程旅行時才會搭乘，若只是在城市中則無需理會。

Tips ❷ ICOCA
JR西日本發行的ICOCA除了可通用於地下鐵、阪急、阪神等各家私鐵系統以外，現在更與東京的Suica通用，就連其他地方的Kitaca、TOICA、manaca、SUGOCA、nimoca、はやかけん等日本各地票卡也都已經整合，是懶人的最佳乘車工具。

日本鐵道發達
坐火車好玩嗎？

日本熱愛鐵道的人十分多，發展出許多特殊的鐵道玩法，讓坐車不只是交通移動，更可以是行程中的一個亮點！西日本範圍有許多特殊列車，若時間剛好可以配合不妨前往搭乘。

伊予灘ものがたり

列車僅兩節車廂，以伊予灘夕陽及愛媛柑橘為車廂主題色。依行駛時段供應地產或契作農家的當季新鮮食材所烹製的朝食、午餐及下午茶。

伊予灘ものがたり

由布院之森

以「高原的休閒度假列車」為定位，行經博多—由布院—大分—別府四個主要車站，內部以懷舊風格為設計主題，充滿歐洲度假氛圍。

由布院之森

小玉電車

誕生於2009年的小玉電車，外觀畫滿了小玉可愛的模樣與動作，而車子內部更是可愛，除了滿滿的小玉之外，木頭裝潢呈現沉穩的氣氛。

小玉電車

近鐵島風號

從大阪難波、京都、名古屋各地發車的近鐵特急列車，特殊造型與強大的觀光功能，比一般的特急列車更有趣、更有品味。

近鐵島風號

翡翠‧山翡翠

以棲息於球磨川岸的翠鳥為名，車內大量使用了人吉球磨產的檜木與杉木，色調溫和宜人。設有供應球磨燒酒的吧台，還販售輕食限定美味，值得一嚐。

翡翠‧山翡翠

© JR九州

© JR九州

Tips 線上預約最確實

幾乎所有的觀光列車皆需要事先預約，如果待在日本時間長一些，可以在乘坐列車的三天前至車站窗口劃位購票，若是一抵達日本便要搭乘，則可透過網路訂票，或至台北代理旅行社預訂。

JR西日本網路訂票

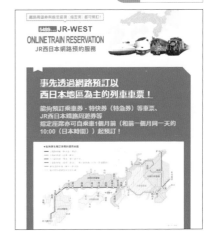
鐵路周遊券乘車資訊（指定席、都可預訂）

JR-WEST
ONLINE TRAIN RESERVATION
JR西日本 網路預約服務

事先透過網路預訂以西日本地區為主的列車車票！

能夠預訂乘車票、特快券（特急券）等車票、JR西日本鐵路周遊券等
指定座席亦可自乘車1個月前（和前一個月同一天的10:00（日本時間））起預訂！

© 肥薩おれんじ

© 肥薩おれんじ

橘子食堂列車

日本首創的餐廳火車，隨著列車的擺動，移動食堂帶領我們體驗全新的鐵道風景。沿九州西海岸運行與暮光水色融成一片，成為旅程中最美的風景。

橘子食堂列車

在日本搭公車路線都好複雜？

主要有市區公車和長距離巴士兩種。在部分日本地區，使用公車可能比鐵路更為方便。另外還有長距離聯絡的高速巴士和夜間巴士，可以為精打細算的旅客省下不少旅費。

公車乘車 step by step

尋找站牌、上車

依照要前往的方向尋找正確站牌。

前方看板顯示下車站，對整理券號碼確認應付金額

電子看板會顯示即將抵達的車站。因為是按里程計費，因此另一張表格型的電子看板會隨著行車距離，有號碼和相對應的價格。

到站按鈴，從前門投幣下車

和台灣一樣，到站前按鈴就會停車。從駕駛旁的前門投幣下車，將整理券和零錢一起投入即可。如果沒有零錢也可以用兌幣機換好再投。

Tips

搭公車不知道下車該付多少錢？

依距離計費的公車，在上車時都有抽取整理券的機器。整理券是用來對應區間、確認車資，如果沒有這張券的話，下車時就得付從發車站到下車站時的車資，所以建議上車時一定要記得抽取。

高速巴士、夜間巴士是坐車時付錢嗎？

高速巴士和夜間巴士需要購票後才能搭乘。雖然現場有空位的話還是可以買票後馬上坐，但因為沒有站票，若遇到連假或尖峰時間很可能會沒位可坐。所以推薦預先透過網路訂票，再到便利商店付款取票。若整個行程天數較多，在乘車日前幾天先繞去把票買好，就不用擔心當天沒有票可買。

我想要租車
得考慮什麼呢？

離開都會區，許多潛藏的優美景點卻沒有大眾交通工具可以到達，要盡覽迷人風光，開車旅行是最佳方式。但在異國開車心中總是不太踏實嗎？該注意的我們幫你整理在這裡：

先注意這些事

◎只玩京阪神、各大主要城市可避免租車

◎記得在台灣申請駕照譯本、並攜帶駕照正本

◎保全險是一定要的

◎事故擦撞一定要報警，保險才會理賠

日文譯本駕照

2007年9月開始，日本政府正式承認台灣駕照，只要持有本國駕照的日文譯本就可以在日本合法開車，輕鬆上路。

地點：全台各地的監理站或監理所可辦

價格：100元

緊急求助

很多路標下方會加設指示牌，顯示所在地內相關的道路情報中心的電話號碼。遇到緊急狀況，可致電給他們，或是租車公司、JAF的緊急救援電話尋求援助。

JAF道路服務救援專線

電話：0570-00-8139

❶ 先查好景點 Map Code

日本租車時，利用車上的導航，除了輸入地點的地址、電話之外，亦可以輸入Map Code來進行設定。通常若是不會日文，建議可以事先查好Map Code，要輸入時才不會手忙腳亂。

❷ 休息站

開車時見到大大的「道の駅」指示，就知道休息站到了。日本的休息站與台灣的一樣，提供休憩空間及餐飲，其中有許多擁有美麗的視野，並販售當地知名的美食，開車經過時，不妨就進去小憩片刻。

❸ 注意額外費用

人多共乘自駕，看起來好像很省錢，其實除了租車、保險的費用之外，加油費、停車費、快速道路過路費等都是一筆不小的花費，有時候還不如搭火車比較省錢又省力呢！

哪些景點適合參加一日遊旅行團，怎麼選擇？

若對郊區交通較無自信的人，也可以適當地穿插一些一日團體行程，將行程延伸至交通較麻煩的景點，同時也能保留都心的自由行程。以九州為例，通常會以都心為據點，參加前往福岡近郊的行程。這類行程有包餐、不包餐，包門票、不包門票的區別，選購時可以多方比較。

推薦可以選擇的團體行地點：

美山　美山有美麗的茅草屋集落，離最近的JR車站都還得再搭巴士半小時才到得了。對交通時間較沒信心的人，不妨選擇一日巴士行最方便，有時還會包餐或是蕎麥麵體驗行程，很划算。

立山黑部　要橫越立山阿爾卑斯之路，沿路的交通是個大問題。而景點與景點相距甚遠，參加行程會有導遊安排好所有事項。

鳥取　雖說前往鳥取並不難，若不大範圍移動，只固定玩沙丘也可以。只是大老遠跑一趟山陰地區，參加行程可以看到更多景點。

出雲大社　與鳥取相同，由於出雲離京阪神較遠，特地前往一定要串聯周邊才值回票價。如果沒有自駕，還是選擇參團最輕鬆。

阿蘇　阿蘇很適合自駕遊，但若沒開車參加旅行團不但能看到最多景點，還可以品嚐到道地餐食，且大多會配合溫泉住宿，值得體驗看看。

想參加團體行程，有建議的旅行社嗎？

KKDay、KLOOK等旅遊平台網

近年來興起的旅遊平台網，不只可以購買優惠票券，也販售不少東京出發的一日旅行團。這類行程大多以拼團的方式進行，但好處是導覽能以華語導覽，在解說行程與時間時能夠精確溝通，不怕雞同鴨講。

有什麼推薦的
體驗活動？

穿和服逛大街

岡本和服

　　　　　　　到京都穿和服已經是女性的定番行程。京都的和服租借大多都集中在祇園、東山一帶，其它大景點也有零散店家。通常建議一早便前往換穿，之後在景點間散步拍照，或是搭乘人力車，感受京都風景。

野球觀戰

甲子園

　　　　　　　日本高校野球聖地甲子園，將一球入魂的熱血精神發揮得淋漓盡致，身為棒球迷怎麼能不來朝聖！若非賽季也別放棄，可到甲子園歷史館了解棒球歷史，豐富多元的展區設計，有趣又好玩。

行程安排小提醒

Tips

・熱門點挑平日
熱門旅遊地若是遇上連假，不僅人潮更多，飯店也會漲價，尤其要避開日本黃金週及新年假期。

・確認休日
心中已有必訪景點、店家清單時，別忘了確定開放時間，以免撲空。

・決定備案
旅行途中因為天氣、交通而掃興的例子很多，不妨在排行程時多安排一些備案。

爬上明石海峽大橋

Bridge World Tour

　　　　除了一睹明石海峽大橋的壯麗之外，不如參加Bridge World Tour，走在大橋的海上維修步道，親自爬上主塔，從289M的制高點看向淡路島與整個神戶地區。全程不太用爬上爬下，只要穿雙耐走的鞋子就行！

動手做章魚燒

蛸の徹

　　　　　　　蛸の徹是一間提供顧客自己動手滾章魚燒的餐廳，點好想吃的口味後，店員會幫忙在烤盤上塗上油，再放入配料與粉漿，烤好章魚燒再依個人口味淋上醬料，獨一無二的章魚燒就完成囉！

茶道體驗

對鳳庵

　　　　　　　宇治茶等於日本高級茶的代名詞，宇治市政府為推廣日本茶成立了「對鳳庵」，讓一般人也有機會親近茶道。對鳳庵是完全針對觀光客而設的茶道體驗教室，可說是老少咸宜，就算是外國人也不會感到太過拘束。

可以開旅行必備品的清單給我嗎？

旅行中，每個人所需要的東西不太相同。除了一些較私人的物品之外，這裡列出一般人會需要的東西，以供參考：

證件

☐	護照／影本
☐	身份證
☐	駕照日文譯本
☐	駕照正本
☐	備用大頭照2張

行程相關

☐	外幣現鈔
☐	少許台幣現鈔
☐	電子機票
☐	預訂飯店資料
☐	預訂租車資料
☐	行程／地圖
☐	導覽書

電子產品

☐	手機充電線
☐	相機／記憶卡／電池
☐	行動電源
☐	筆電／平板

衣服配件

☐	上衣
☐	褲子
☐	備用球鞋
☐	襪子
☐	內衣褲
☐	外套
☐	圍巾
☐	泳衣
☐	帽子
☐	太陽眼鏡
☐	雨傘

清潔護膚用品

☐	洗臉用品
☐	牙刷／牙膏
☐	防曬乳
☐	化妝品
☐	毛巾
☐	梳子

常備雜物

☐	自己的藥
☐	腸胃藥
☐	蚊蟲咬傷用藥
☐	OK繃
☐	水壺
☐	小剪刀／水果刀
☐	面紙／濕紙巾

旅行中有什麼
實用的APP？

現代人蒐集旅遊資訊，當然不能少了APP這一項，以下是到日本旅遊時實用的APP，建議大家事先安裝好，才可以隨時應變。

NAVITIME for Japan Travel

針對外國旅客推出的旅遊APP，不僅有WIFI、寄物等服務資訊，也有文化介紹，最方便的要屬轉乘搜索功能，可以直接從地圖點選車站。

※此APP檔案較大且需要簡單設定，出發前記得先安裝好。

MOOK隨身玩世界

MOOK出版推出的旅遊APP，可自行選擇國家、地區查找豐富資訊，還能夠確認所在位置，十分便利。

gurunabi

可以依網友評價來判斷餐廳、咖啡廳等是否值得前往，也能直接預約餐廳。不知道吃什麼的時候，也可以用來搜尋所在地附近美食。

tenki.jp

日本氣象協會推出的APP，天氣變化、櫻花、紅葉、下雪情報都在其中，是確認天氣不可或缺的超實用程式。

Payke

在日本盡情購物時苦於看不懂商品包裝和成分嗎？有了Payke，只要掃描條碼就能快速得知商品訊息，目前支援包括繁體中文、英文在內的七種語言，登錄的商品數多達35萬件，讓不會日文的外國人也能輕鬆了解商品魅力！

乘換案內

搭車、轉車時的好幫手。日本全鐵道系統皆支援。只要輸入出發站與目的站的日文名稱，便能提供多種交通選項，搭乘月台、車資等也都清楚標示。

關西排行程入門指南

京都府
兵庫縣　　滋賀縣
大阪府　　　三重縣
和歌山縣　奈良縣

自古以來關西地區就是日本的經濟文化中心。從商業大城大阪、文化古都京都、奈良，藍色港町神戶，到周邊的三重、和歌山、淡路島、琵琶湖等，任何角落、任何人事物，都能帶給人新的感動，精彩的關西近郊隨時等著旅人到訪！

Q 我到關西觀光要留幾天才夠？

A

關西幅員廣大，至少需要**5天4夜**。新手建議以**京都和大阪為主**，有餘裕再延伸至神戶、奈良等鄰近城市。京阪地區交通系統完善，景點串聯便利，但一天以**2區左右為佳**，放緩腳步才不會失去自由行的意義。

Q 天氣跟台灣差很多嗎？

A

春天氣溫已開始回升，早晚溫差大，需注意保暖。**夏天攝氏30度以上的日子不少**，7月下旬～8月初，甚至可能超過35度。秋天涼爽舒適，加件薄外套即可。但**冬天的氣溫比台灣北部更加嚴寒、偏乾冷**，除了山區以外，市區內很少下雪。

Q 什麼季節去最美？

A

3月底至4月初是京阪神地區的賞櫻季節，也是觀光人潮最多的時候，務必提前預訂機票和住宿。夏天在各地都有許多傳統祭典及煙火大會，尤其8月京都祇園祭最為熱鬧！11月進入關西的賞楓季節，奪目的紅葉為古都染上詩意。

有了基本認識後，現在就來打造最適合自己的旅遊行程吧！

關西機場→關西各區

特急Haruka
◎路線與價格指南

路線名	目的地	需要時間	車票+普通指定席
特急Haruka	天王寺	約30分	￥2270
	新大阪	約50分	￥2910
	京都	約1小時15分	￥3430

關空快速
◎路線與價格指南

路線名	目的地	需要時間	票價
關空快速	大阪	約1小時10分	￥1210
	京橋	約1小時20分	￥1210
	天王寺	約1小時	￥1080
	日根野	約10分	￥460

南海電鐵 特急Rapi:t
◎路線與價格指南

路線名	目的地	需要時間	車票+普通指定席
Rapi:t α	なんば(難波)	約34分	￥1450
	泉佐野	約8分	￥590
Rapi:t β	なんば(難波)	約39分	￥1450
	堺	約27分	￥1360
	泉佐野	約8分	￥590

南海電鐵 空港急行
◎路線與價格指南

路線名	目的地	需要時間	票價
空港急行	泉佐野	約10分	￥490
	なんば(難波)	約50分	￥930
	新今宮	約47分	￥930
	堺	約35分	￥840

備註：前往和歌山方向可搭到泉佐野下車，轉搭急行列車約30分鐘抵達和歌山市

利木津巴士
◎路線與價格指南

乘車處(一航)	目的地	需要時間	票價
3號	大阪灣、日本環球影城	約60~70分	¥1600
	和歌山市	約40分	¥1200
4號	西宮	約60分	¥1800
5號	大阪駅、梅田	約60分	¥1600
6號	神戶三宮	約1小時15分	¥2000
7號	心斎橋、近鐵上本町	約50分	¥1600
8號	京都駅八条口	約1小時25分	¥2600
11號	難波(OCAT)	約50分	¥1100

Bay Shuttle
神戶機場與關西國際機場皆位於大阪灣內，為因應神戶機場開通，搭乘Bay Shuttle是目前從關西機場前往神戶最快速的交通方式。
◎路線與價格指南

路線名	目的地	需要時間	票價
Bay Shuttle	神戶機場	約40分	¥1880

懶人看這裡就對了！

	機場巴士	一般鐵路	特急列車	計程車
行李又多又重	○	△	△	○
只要便宜就好	△	○	△	×
只要輕鬆就好	○	×	○	○
沒時間，要快點	△	×	○	△

○=適合　△=還可以　×=不適合

關西的東西南北
馬上看懂

天橋立

若峽灣

京都府

琵琶湖

兵庫縣

金閣寺

近江八幡

嵐山　河原町

清水寺　伏見稻荷

姬路城

宇治

梅田　大阪城

三宮

神戶港　難波

新世界・天王寺

奈良公園

大阪灣　大阪府

關西機場 ✈

淡路島

高野山

奈良縣

和歌山縣

滋賀縣

岐阜縣

彥根城

愛知縣

伊勢灣

三重縣

伊勢神宮　　二見浦

熊野灘

我要住哪一區最方便？

京都站：
匯集各交通系統的主要門戶，周邊商業設施很好逛，晚上也有唐吉訶德、電器量販店可以採買，適合想玩京都和近郊的旅人。

四条河原町：
這裡是京都最熱鬧的地方，數條商店街串聯，藥妝、百貨、美食等等通通有，也鄰近重要觀光景點，搭配公車和電車就能玩遍京都市區，缺點是房間稍小、夜晚較吵雜。

新大阪：
新幹線、特急Haruka主要停靠站，屬大阪與其他縣市交通往來的中樞，適合持JR PASS打算玩遍大關西的旅人。由於地點偏郊區，晚上想逛街需轉乘地鐵至梅田或心齋橋。

梅田：
屬大阪的商業中心，周邊百貨、餐廳、商家林立，吃喝採買應有盡有，同時也是JR、私鐵匯集之處，跑京都、神戶都相當方便，缺點是車站結構複雜，房價也稍高。

難波：
與梅田同為大阪主要商業購物區，涵蓋心齋橋、道頓堀等熱門景點，店家都營業到深夜，加上往來機場、近郊便利，最適合白天跑行程、晚上採買的旅人。

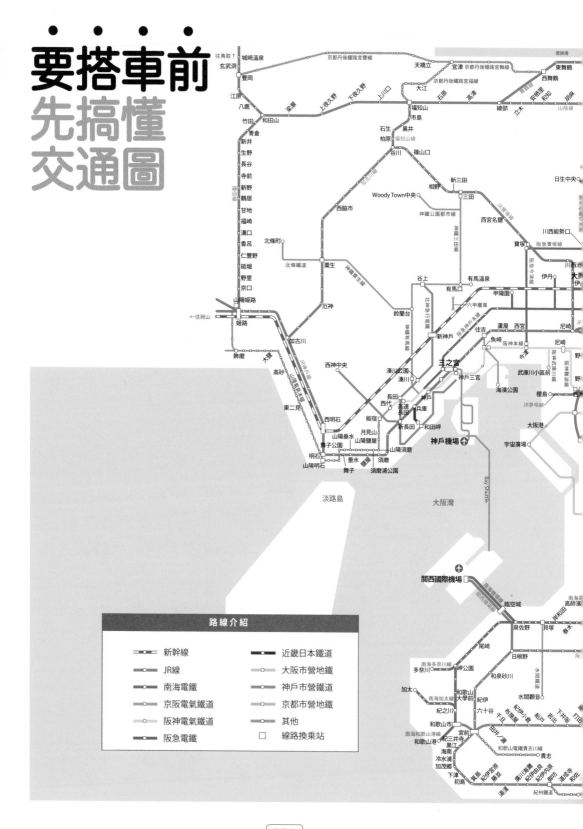

要搭車前
先搞懂
交通圖

路線介紹

新幹線		近畿日本鐵道	
JR線		大阪市營地鐵	
南海電鐵		神戶市營鐵道	
京阪電氣鐵道		京都市營地鐵	
阪神電氣鐵道		其他	
阪急電鐵		□ 線路換乘站	

阪神市區交通
放大看清楚！

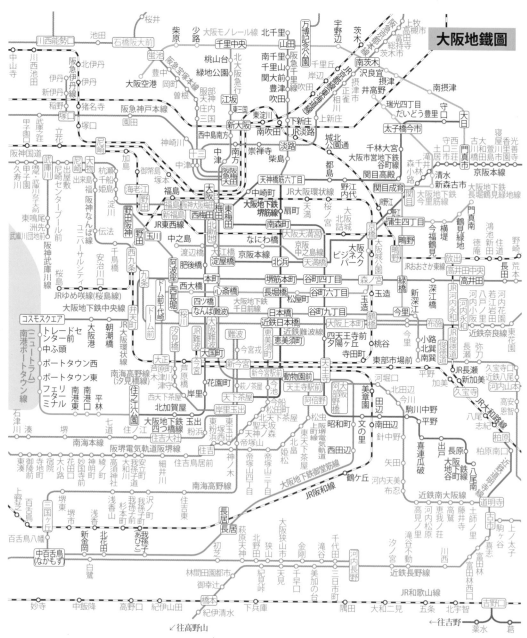

大阪地鐵圖

京都市區交通放大看清楚！

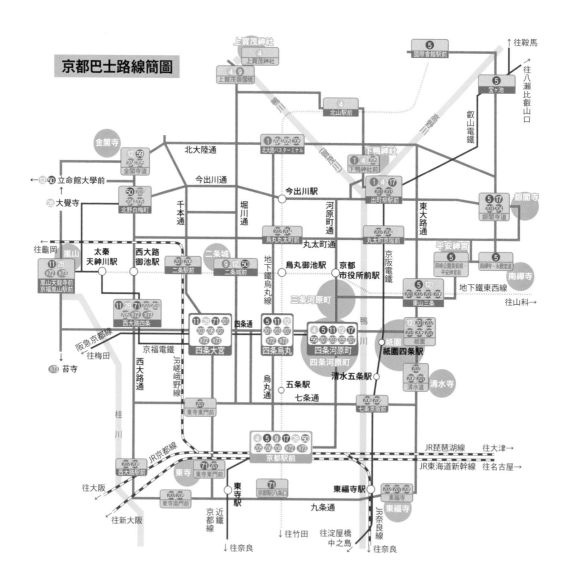

京都巴士路線簡圖

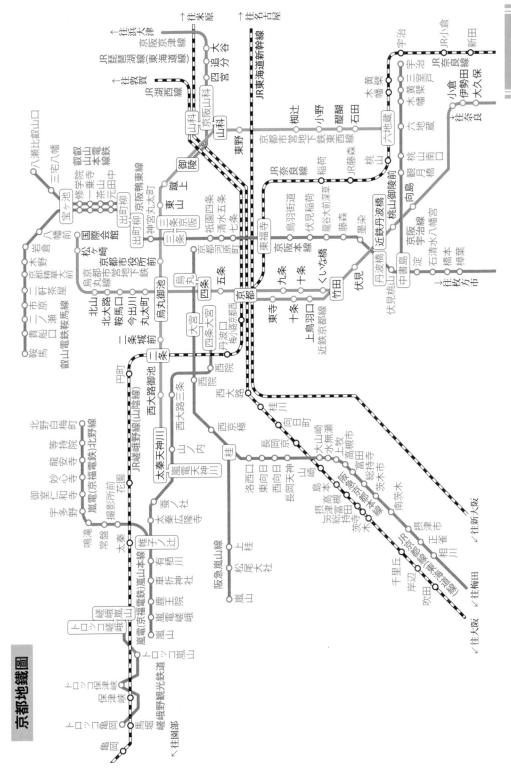

京都地鐵圖

有什麼**優惠車票**適合我？

市區版

	大阪周遊卡 大阪周遊バス	樂享環保卡 ENJOY ECO CARD	市巴士・京都巴士一日乘車券 市バス・京都バス一日乘車券カード
使用區間	大阪市巴士、地下鐵全區一天或連續二天使用，唯一日券還能乘坐阪急、阪神、京阪、近鐵、南海電鐵等部分區域列車 可免費參觀超過40個景點，如通天閣、空中庭園展望台、大阪城天守閣等處。	大阪市地下鐵、市巴士一日無限次乘坐	京都市內均一區間所有的市巴士、京都巴士
價格	1日￥2800 2日￥3600	一般版￥800 週末、國定假日版￥600	￥700
有效時間	1日/連續兩日	1日	1日
使用需知	・不可搭乘私鐵 ・無兒童版 ・不可從南海關西機場站開始使用 ・2日券僅提供外國旅客購買	・大阪城市巴士，不包含往日本環球影城巴士及往IKEA巴士 ・與地下鐵直通運行的路段，如阪急電車、近鐵日本等則無法使用。 ・憑卡還有約30家設施的優惠	・另有京都市地下鐵・巴士1/2日乘車券 ・也可直接向司機購買 ・首次使用需將票卡插入機器中，第二次起向司機出示使用日期即可
售票處	一日券於大阪市各車站、阪急、阪神、京阪、近鐵、南海的主要車站皆可購買。	大阪市地下鐵售票機、定期券販賣處	京都市巴士、地下鐵案內所、京都驛前站的自動售票機
官網			
購買身分	非日本籍旅客，購買需出示護照。	非日本籍旅客，購買需出示護照。	無限制

嵐電・嵯峨野一日券 嵐電・嵯峨野フリーきっぷ	神戸CITY LOOP一日券 シティーループ 1日券	高野山・世界遺產車票 Koyasan-World Heritage Ticket
嵐電嵐山本線、北野線全線，京都巴士嵐山方向系統全線(比叡山線、西山高雄線除外)	由港區的かもめりあ發車，到みなと元町駅前、舊居留地、北野異人館、神戸布引ハープ園／ロープウェイ、新神戸駅前、地下鉄三宮駅前・南行、市役所前等，範圍涵蓋神戸市中心精華景點。	難波~高野山來回車票 高野山南海林間巴士
¥800	¥700	難波出發¥3080
1日	1日	連續2日
·售票當日內有效(不可提前購買) ·可享沿線設施優惠	·CITY LOOP 使用期限僅限當日 ·搭乘時將票券出示給司機看即可使用 ·可享沿線設施優惠	·進出車站時走自動改札口 ·搭乘巴士時，向司機出示巴士乘車券。 ·可享高野山上設施折扣
四条大宮、帷子之辻、嵐山、北野白梅町嵐電主要車站、京都站前巴士票券中心、京都巴士嵐山營業所	在CITY LOOP車上、三宮「神戸市總合インフォメーションセンター(資訊中心)」與新神戸的「観光案内所」都可以購買	南海難波車站、新今宮、天下茶屋、住吉大社、堺、和歌山市、關西空港等各大南海電鐵車站
無限制	無限制	無限制

廣域版

	關西地區鐵路周遊券 Kansai Area pass	關西廣域鐵路周遊券 Kansai WIDE Area pass	伊勢、熊野、和歌山地區周遊券 Ise-Kumano-Wakayama Area Pass
使用區間	JR在來線：西至上郡・播州赤穗、北至日吉、東至米原・敦賀，南至和歌山 京都市營地下鐵 京都市內京阪電車	山陽新幹線 (新大阪~岡山) JR在來線：西至倉敷・鳥取、北至城崎溫泉、天橋立、東至 米原・敦賀，南至白濱・新宮 丹後鐵道全線 和歌山電鐵全線 智頭急行 (上郡~智頭) 西日本JR巴士：高雄・京北線 (京都~周山)、園福線 (園部~福知山)、若江線 (近江今津~小濱)	關西本線 (名古屋站~JR難波)、紀勢本線 (龜山~紀伊勝浦~和歌山)、阪和線 (和歌山~天王寺)、大阪環狀線、京都線 (大阪~東淀川)、參宮線 (多氣~鳥羽) 伊勢鐵道 (河原田~津)、和歌山電鐵全線、三重交通巴士、熊野交通巴士
價格	¥6800	台灣購買¥10000 日本購買¥11000	台灣購買¥11210 日本購買¥12200
有效時間	連續4日	連續5日	連續5日
使用需知	·無法搭乘新幹線 ·僅能搭乘自由席 ·可搭乘關空特急Haruka自由席 ·另有1/2/3日版	·僅能搭乘自由席，否則需另購買特急/指定席券 ·可搭乘關空特急Haruka自由席 ·無法搭乘東海道新幹線 (新大阪~東京)、山陽新幹線 (岡山~博多)	·可免費劃位特急普通車廂指定席4次，不包含特急Haruka ·不包含Home liner列車
售票處	京都、新大阪、大阪、三之宮、關西機場、奈良、和歌山等各站的JR售票處，或在網站、旅行社購買，到日本再至窗口領取票券	京都、新大阪、大阪、三之宮、關西機場、奈良、和歌山、福知山、岡山等各站的JR售票處，或在網站、旅行社購買，到日本再至窗口領取票券	**JR東海售票處：**東京、品川、新橫濱、名古屋、京都、新大阪、大阪、關西機場 **JR東海TOURS：**東京、品川、新橫濱 **新大阪JR西日本旅遊櫃檯 名古屋站JR諮詢所**
官網			
購買身分	非日本籍旅客，購買需出示護照。	非日本籍旅客，購買需出示護照。	非日本籍旅客，購買需出示護照。

關西周遊卡 KANSAI THRU PASS	近鐵電車周遊券 KINTETSU RAIL PASS	阪急全線乘車券 HANKYU TOURIST PASS
京都、大阪、神戶、比叡山、姬路、和歌山、奈良、高野山的私鐵電車、地鐵與巴士(有一定範圍)，範圍幾乎涵蓋了整個關西地區	近鐵電車全線 伊賀鐵道全線	阪急電車全線，最遠能到京都河原町、神戶三宮，嵐山、寶塚等地
台灣購買2日¥4380/3日¥5400 日本購買2日¥4480/3日¥5600	台灣購買¥3700 日本購買¥3900	1日¥700 2日¥1200
任選2/3日	連續5日	1日/任選2日
·不可搭JR鐵路 ·本票券為磁卡，可走自動改札口 ·沿線260處主要觀光設施的優惠折扣	·本票券為磁卡，可走自動改札口 ·乘坐特急列車時，需要加購特急券 ·沿線約70個觀光設施等優惠 ·KINTETSU RAIL PASS Plus包含地方公車路線 ·另有1/2日版	·本票券為磁卡，可走自動改札口 ·不可搭乘神戶高速線 ·另有小範圍1日版
關西機場旅遊專櫃、梅田、難波與新大阪等地的遊客指南中心	關西機場、中部機場、各大近鐵車站等處	大阪·梅田阪急遊客中心、阪急京都觀光介紹所、阪神電車服務中心(阪神神戶三宮站)，以及關西旅客資訊中心(關西國際機場、京都站)等處
非日本籍旅客，購買需出示護照。	非日本籍旅客，購買需出示護照。	非日本籍旅客，購買需出示護照。

坂道小徑

清水寺 和服 藝妓 祇園 四条河原町

京風光必賞基本行程

由清水寺逛到祇園、河原町一帶,是京都初心者的基本必看行程。這幾個地方雖然有一點距離,但途中小店、社寺極密集,完全可以用步行串在一起玩!建議要從清水寺玩起,一路下坡逛起來也較輕鬆。

早
08:30 京都駅
　　　　八坂庚申堂
10:00 清水寺

午
12:00 八坂神社
　　　　いづ重/午餐
13:30 祇園花見小路
15:30 錦市場
　　　　錦天満宮

晚
16:30 新京極・寺町通
20:00 河原町駅

京都精華景點串聯 早到晚都精彩

要走很多坡道，挑雙好走的鞋吧～

Point!

時間安排，上午以寺社景點為主，下午則可以遊逛小店，晚上則至繁華商店街逛逛。

坡道盡頭的八坂之塔是打卡景點！

Start！

08:30 京都駅 JR線

¥230

搭巴士 15分　至中央口前巴士站搭乘市206巴士至「清水道」站下車

步行 10分　沿著八坂通的上坡道前行即達

八坂庚申堂

09:00　庚申堂前的菩薩像前掛著許多色彩鮮豔的布猴子「くくり猿」，買一個¥500的布猴子，寫下自己的願望在上面後掛在庚申堂，據說可讓願望實現。因為色彩鮮豔，吸引穿和服的少女們前來拍照取景。

時間 9:00~17:00　價格 境內自由參觀

繼續向坡道爬，右轉二年坂接三年坂左轉即達

步行 15分

沿路可逛的小店很多。

清水寺

10:00　清水寺位於京都洛東東山境內，正殿殿前的木質露台被稱為「清水舞台」，使用139根木頭架構而成。後方的音羽の滝相傳可以預防疾病與災厄，因此又有「延命水」的別稱。每年到了春櫻秋楓之時，清水寺都會開放夜間特別拜觀。

時間 6:00~18:00　價格 高中以上¥300

沿三年坂、二年坂
再接至寧寧之道即達南樓門

步行 25分

八坂神社

12:00

香火鼎盛的八坂神社，京都人暱稱它為「祇園さん」，是保佑商家生意興隆、消災解厄的神祇，建築獨特的神社大殿被稱為「祇園造」，是日本獨特的神社建築。舞殿上總是掛滿商家奉納的無數提燈。

價格 自由參拜

沾沾八坂神社裡「美御前社」的水，可保佑美麗！

步行 1分　走下正門大階梯，過馬路即達

いづ重

12:40

招牌的鯖壽司挑選真鯖魚，直到現在依然搭配用柴火炊煮的米飯，在壽司職人的熟練技巧下一個個壓得緊實。若是夏日造訪，也可品嚐季節限定的香魚壽司。

時間 10:30~19:00　**休日** 週三、週四　**價格** 鯖姿ずし(鯖壽司1人份)
¥2350

順著四条通即達　**步行 3分**

祇園花見小路

13:30

花見小路是日本名氣最大的花街，藝妓們表演的茶屋和高級料亭林立小路兩旁，隨意折進兩旁巷弄，更能在大門深鎖的木造茶屋間，感受到這裡獨特神秘的氛圍。

註 請勿未經許可進入私人區域，也不可對藝妓舞妓拍照。　**時間** 自由參觀

運氣好的話在街巷也常能見在茶屋間穿梭趕場的藝妓或舞妓。

One-day Trip

走至寺町商店街右轉，看到錦天滿宮左轉

步行 5分

錦市場

15:30

Map

Web

從新京極通到高倉通之間的錦小路就是錦市場，有「京都的廚房」之稱，舉凡京懷石料理到一般家常菜的素材都可在此買到，其中也有賣廚具、餐具等日式烹調用具，以及充滿濃濃京都味的美食小舖。

時間 約9:00~18:00，依店家而異

有時店內可以看到職人現場製作磨刀。

京都醬菜相當有名，錦市場就有賣！

步行 10分 沿錦小路通往回走

錦 天滿宮

16:00

錦天滿宮是錦市場的鎮守神社，也是京都商人們的重要信仰中心，祭拜的神祇菅原道真，除了是一般人熟悉的學問之神外，也掌管商業才能。入口處的黑牛塑像，據説摸了就會有好運。

Map
Web

時間 8:00~20:00

錦天滿宮前即是 **步行 1分**

新京極·寺町通

16:30

被從東西向的御池通與四条通所隔住的寺町通由寺町商店街與寺町京極商店街所串聯，是現代和風商店街，餐廳、藥妝店都集中在這裡，是許多年輕人與觀光客都喜歡遊逛的商店街。

Map
Web

時間 約9:00~20:00，依店家而異

步行 5分 往回走即為車站

河原町駅
阪急京都線

20:00

Goal！

京都滿喫小火車旅行

嵐山小火車　遊船　金閣寺　竹林　四条河原町

這是一個體驗京都在地交通方式的一日行程，搭乘JR至嵐山後，換搭小火車，再搭船回到嵐山，沿途風景美妙。接著再搭路面電車、公車至金閣寺，回程到熱鬧的河原町逛街購物。

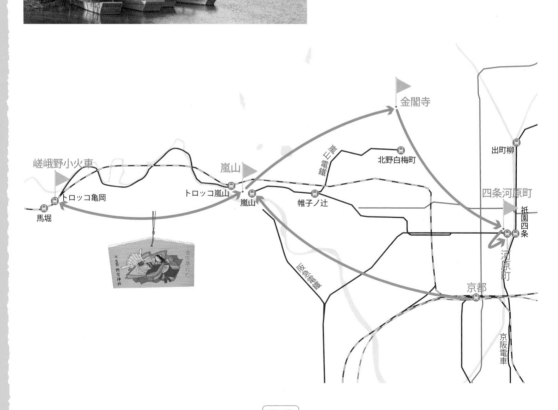

早	08:20 京都駅
	09:02 嵯峨野小火車
	保津川手搖船

早
08:20 京都駅
09:02 嵯峨野小火車
　　　保津川手搖船

午
12:00 嵐山
　　　竹林の道
　　　天龍寺
　　　鯛匠HANANA／午餐
15:00 金閣寺

晚
17:10 四条河原町
20:00 河原町駅

從陸地到河上，各種交通工具好好玩

景點豐富，輕裝出發最快適～

Point!

在旺季搭乘嵐山(嵯峨野)小火車，一定要記得事前購票。保津川遊船若遇到風大的日子可能停駛，要先查好哦！

Start !

08:20 ¥240
京都駅 JR線

搭電車 18分 → 搭8:27發的嵯峨野線

08:46
嵯峨嵐山 JR線

步行 1分 → 出站即達トロッコ嵐山

嵯峨野小火車

造型復古的蒸汽小火車「嵯峨野號」沿著保津川，奔行於龜岡到嵐山間，全程約25分鐘。搭乘者可以用絕佳的角度，欣賞保津峽的山水景色；途中列車還會特別減速，讓乘客飽覽周圍風景。

時間 從トロッコ嵯峨駅出發9:02~16:02之間每小時一班，一天約8班，依季節另有加開班次。　**休日** 週三不定休，請洽網站　**價格** 單程大人¥880、兒童¥440

09:02 ¥880

搭小火車 23分 → 搭9:02第一班車至終點站トロッコ龜岡下車

09:25 ¥310
トロッコ亀岡駅 JR線

搭巴士 10分 → 出站後搭乘接駁車至渡船口

10:00

保津川手搖船

到達龜岡車站之後，回程可坐保津川手搖船順流而下回嵐山。從龜岡到嵐山約16km，傳統手搖船的方式有船夫泛舟的新鮮感，全程回到嵐山約費時1個半至2小時，經過溪水湍急河段時更為刺激。

時間 9:00~14:00間約每小時一班、15:30有一班，一天共約7班，週六日和例假日會有增班　**休日** 12/31~1/4　**價格** 船票¥4100

¥4100

搭乘10:00的保津川手搖船至嵐山

搭手搖船
1小時30分

竹林の道

12:00

由野宮神社通往大河內山莊的路段，是條美麗的竹林隧道。夏日涼風習習，翠綠的竹蔭帶來輕快的涼意；冬天則有雪白新雪映襯著竹子鮮綠，別有一番意境。

價格 自由參觀

竹林之道旁有入口

步行
3分

竹林一旁的野宮神社以金榜題名與締結良緣聞名。

天龍寺

12:30

嵐山香火最盛的一座寺廟，境內包括總門、參道、白壁、本堂大殿，曹源池庭園、坐禪堂等建築，可看之處眾多，值得購票進入。法堂內供奉釋迦、文殊、普賢等尊相，最特別的是天花板上有幅難得一見的雲龍圖。

時間 8:30~17:00 **價格** ¥500；參觀大方丈、小方丈、多寶殿要多加¥300；參觀法堂¥500

天龍寺正門出口左轉走200公尺

步行
3分

鯛匠HANANA

13:30

鯛匠HANANA在嵐山算是一間人氣店舖，以鯛魚茶泡飯起家，不只招牌的鯛魚新鮮，配菜也選用嵐山在地蔬菜。品嚐時可以將生魚片沾滿芝麻醬，放至白飯上一同吃下，接著再倒入煎茶，變成茶泡飯。

時間 11:00~賣完 **休日** 不定休，冬季週三公休
價格 鯛茶漬け御膳(鯛魚茶泡飯套餐)¥2750

往回走即達

步行
5分

嵐山駅 京福電車

14:00
¥220

搭14:06的班次至西大路三条駅換公車

搭電車
18分
¥230

車站裡有足湯可以泡！¥200

搭巴士
15分

搭14:31的205至金閣寺道下，步行2分。

三島由紀夫以「金閣炎上事件」為背景寫成著名的《金閣寺》一書後聲名大噪，金閣寺與富士山並列為日本最具代表性的名景。

15:00

金閣寺

金閣寺是由足利義滿於1397年打造，在建築風格上融合了貴族式的寢殿造與禪宗形式，四周則是以鏡湖池為中心的池泉迴遊式庭園，並借景衣笠山。整座寺閣都是使用金箔貼飾，也因而被封上「金閣寺」的美名。

Map
Web

時間 9:00~17:00　價格 ¥400

¥230

搭巴士
40分

「金閣寺道」站搭市巴士59號或205號皆可達

17:10

四条河原町

四条通、河原町通與烏丸通、三条通所圍成的地區是京都最熱鬧的繁華街，集中了多家年輕人必去的流行百貨商場與服飾精品店，越過鴨川再向東走去便是祇園，而先斗町、木屋町更是京都夜生活的精華區，美食餐廳、居酒屋、Bar等都集中在這裡。

Map

時間 約8:00~23:00，依店家而異

往回走即為車站

步行
5分

河原町駅 阪急京都線

20:00

Goal！

最有京都感的近郊玩樂行程

千本鳥居　鳳凰堂　稻荷壽司
京都塔　宇治抹茶

千年古都孕育了許多世界遺產，其中在外國人心中最能代表的景色，便是沿綿山頭的千本鳥居了。下午來到抹茶的故鄉宇治，除了品嚐美味茶點，平等院鳳凰堂的寧靜之美更是值得一訪。

早	08:45 京都駅 09:00 伏見稻荷大社
午	日野家／午餐 寶玉堂 13:00 宇治 中村藤吉本店 平等院 宇治橋
晚	地雞家 心／晚餐 19:50 京都塔 21:00 京都駅

京都塔

京都

伏見稻荷　　伏見稻荷大社
稻荷

京阪電車　　JR奈良線

京阪電車
中書島

宇治　　宇治

千本鳥居震撼美景 宇治樂土寧靜宜人

 京都市南部兩大知名景點,不去就虧大了~

Point!

登上後山千本鳥居來回需要2小時以上,若對體力與時間沒有把握的話,可以散步至奧宮便回程。

Start!

08:45 ¥150 京都駅 JR線

搭電車 **5分** 搭8:46發的奈良線普通車

08:55 稻荷駅 JR線

出站順著參道走即達

步行 **3分**

伏見稻荷大社

稻荷指的是管理、保佑五穀豐收、生意興隆的神祇。除了本殿和奧社之外,穿過千本鳥居至後方的整座稻荷山也都屬伏見稻荷大社的範圍,一路上滿是大大小小的神社、五花八門的大明神和不同年代留下的石碑或石祠。

時間 自由參拜

 Web

 Map

09:00

步行2分

步行 **2分**

日野家

伏見稻荷的名物非豆皮壽司莫屬。位在參道上的日野屋是間專賣當地料理的小店,創建於大正5年,提供多樣化的美味餐點,除了必吃的稻荷壽司之外、烏龍麵、蕎麥麵等也廣受好評。

時間 10:30~17:00 價格 いなり(豆皮壽司)¥780

11:00

步行 **2分** 位在京阪本線伏見稻荷車站前

Map

11:30

寶玉堂

寶玉堂是狐狸煎餅的創始店;加入白味噌的煎餅口感不是那麼甜,還帶點微微的焦香味,口感酥脆充滿香氣,還是狐狸臉的造型十分可愛。

時間 7:30~19:00 價格 狐狸煎餅5枚¥650

 Map

往回走過鐵軌右轉

步行
2分

稻荷駅
JR線

12:10
¥240

搭12:12發的奈良線普通車

搭電車
24分

宇治駅
JR線

12:36

出站過馬路即達

步行
1分

裝在竹筒裡的生茶ゼリイ
「抹茶」是明星商品。

中村藤吉本店

13:00

創業於1859年的中村藤吉
為宇治茶的老舖,光是店舖
本身就能令人感受到濃濃古風。
除了提供各式茗茶外,也有內用的茶
席,茶製的甜品尤其有名。包括擺
盤精緻的抹茶霜淇淋、口感香氣
俱佳的抹茶蕨餅等都很受歡迎。

Map

Web

(時間) 賣店10:00~17:30,茶座
10:00~17:30(L.O.16:30) (價格) 生茶ゼリイ抹茶(生
茶果凍抹茶)¥1180

經過表參道走到底即達

步行
10分

平等院

14:30

Map

Web

別名為「鳳凰堂」的平等院是
藤原文化的代表性建築物;鳳
凰堂前的阿字池是典型的淨土式庭
園,整個庭園的設計是以阿彌陀堂
為中心,池塘及小島則左右對稱地
分佈兩旁,希望營造出一個象徵曼
陀羅的極樂淨土。

(時間) 8:30~17:30,鳳凰堂9:30~
16:10 (價格) 入園+鳳翔館¥600

中堂脊沿上兩尊展翅
高飛的鳳凰像是日本
錢幣上的精神象徵。

往回走表參道,盡頭右轉即是

步行 5分

16:00

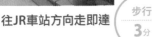

宇治橋

曾經出現在《源式物語》之中的宇治橋與「瀬田の唐橋」、「山崎橋」一起被稱為三大古橋,興建於646年,現在看到長155公尺,寬25公尺的大橋則是於1996年重鋪而成。

時間 自由參觀

往JR車站方向走即達

步行 3分

18:00

地雞家 心

地雞家心的套餐,除了大塊鬆軟酥脆的炸雞塊以外,還有野菜沙拉、烤雞肉糰子、涼拌雞絲、雞骨高湯、拌飯用的山藥泥等滿滿一大份,白飯可以無限續碗,價格卻非常親民。

時間 午餐11:30~14:30(LO 13:45),晚餐17:00~22:30(LO 22:00) 休日 週日 價格 kokoro特餐(午餐)¥1400

走回中村藤吉右轉即達

步行 3分

19:20
¥240

宇治駅
JR線

搭19:29發往京都的快速車

搭電車 17分

京都駅
JR線

19:46

出站即達

步行 3分

19:50

京都塔

京都塔是京都駅前最醒目的地標,塔上有展望台,雖然只有100公尺高,但由於古都的禁建令,一般房舍都不高,所以從這裡可以360度欣賞京都的風景。

時間 10:30~21:00(最後入場20:30) 價格 ¥800

往回走即為車站

步行 3分

京都駅
JR線

21:00

Goal !

日本三景之天橋立
一泊二日

天橋立　伊根舟屋　白砂青松
遊覽船　觀光列車

京都市區並不靠海，但是一路北行，就能抵達日本海一側的宮津、舞鶴和丹後半島，天橋立便位在此處。距離天橋立約一小時車程的伊根，以獨特的舟屋景觀聞名。因為地處偏遠，這裡還保留著遺世獨立的傳統村落氣氛。

DAY1

早
10:00 京都駅
12:30 天橋立
天橋立view land

午
橋立茶屋／午餐
傘松公園
17:59 伊根
向井酒造

晚
18:10 與謝莊 舟屋

DAY2

早
10:00 伊根灣遊覽船

午
11:32 天橋立
黑松號／午餐
吉原地區

晚
20:21 京都駅

伊根舟屋

天橋立
天橋立

宮津
丹後由良
丹後鐵道

西舞鶴
JR舞鶴線

從京都來　回京都

挑戰兩天一夜的京都近郊行～

連接**兩大獨特美景**
最不像京都的世外桃源

Point!

前往京都北部的兩天一夜小旅行，盡可能減少行李，大行李箱不妨就先寄放在京都車站裡吧！

Start! • **DAY1**

10:00 ¥4990

京都駅
JR線

搭10:25發車的特急はしだて指定席

搭電車
2小時6分

天橋立
丹後鐵道

12:30

出站後第一個路口右轉

步行
4分

天橋立view land

位於高地的小型遊樂園，從這裡看見的天橋立像昇天飛龍，是公認景色最美的觀景點之一，免費的高空展望步道飛龍観回廊還可以進一步登高望遠，很受歡迎。

Map

Web

時間 9:00~17:00，依季節變動
價格 纜車或吊椅來回¥850

12:40

天橋立的腳踏車可以甲租乙還，單租¥400起

回車站前租借，騎至松並木即達

自行車
5分

橋立茶屋

紅傘、木椅及充滿日式風格的建築，不論中午用餐或是散步途中來喝杯茶、吃份糰子，都很適合。店內名物是新鮮蛤蜊做的丼飯和黑竹輪。

14:00

自行車
15分

把車騎到「一之宮棧橋」附近還車，走至元伊勢籠神社後即是

Map

Web

時間 10:00~16:00 休日 週四
價格 あさり丼(蛤蜊丼)¥1100

15:30

傘松公園

「傘松」的名稱來自台地上如同兩把傘的老松樹。在這裡可以從另一個角度欣賞呈現一字型的天橋立。

Map

Web

時間 9:00~17:30，依季節變動 價格 纜車或吊椅來回¥680

¥200

搭巴士
30分

17:28分在「天橋立ケーブル下」站
搭丹後海陸交通巴士

17:59

伊根
丹後海陸交通巴士

嚐起來像紅酒，竟然是由米所釀造！

18:00

步行
1分

下車往回走即達

向井酒造

Map

伊根主要景點旁有放置免費腳踏車，騎完記得歸還。

創業於1754年的伊根老牌酒藏。近年來更因為女兒久仁子回家接手，引起不小的話題。她使用紫米釀出的原創酒「伊根滿開」口感酸甜溫潤，獨特的口味引起各方讚譽。

Web

時間 9:00~17:00　價格 伊根滿開720ml¥2090

步行
1分

往回走過站牌即達

18:10

與謝莊 舟屋

Map

舟屋是日本難得的水邊船屋，二層樓的木造房屋就沿著海灣而建，二樓就是住家，一樓是漁民停泊船隻的倉庫。現在可以來此體驗住宿，感受不同一般旅館的風情。

時間 check in 20:00，check out 10:00　價格 一泊朝食9900起

Goal !

DAY2

Start !

¥150

搭巴士
5分

從「伊根」站搭9:30發的車
至「伊根湾めぐり日出」下

伊根灣遊覽船

Map

10:00

一趟航程約30分鐘，船會繞行伊根灣一圈，不但會經過為伊根灣擋住風浪的島嶼青島，更能飽覽整個伊根灣內的舟屋風景。

Web

時間 9:00~16:00，每小時的整點與30分發船　價格 ¥1000

¥400

從「伊根湾めぐり日出」站
搭10:39發的車至「天橋立駅」下

搭巴士 50分

11:32 天橋立
丹後鐵道

步行 1分　下車即達

丹後鐵道 黑松號

13:05 ¥13000

丹後鐵道近年來為了發展觀光，請來鐵道設計大師水戶岡銳治，改造了三輛列車：黑松、青松與赤松。黑松作為食堂列車運行，午餐時段運行在天橋立至西舞鶴一段，沿路經過美麗的海岸，從車窗望出去的景色美到讓人屏息。

搭電車 1小時45分　在黑松號上享用午餐

還有一小時，就到智恩寺逛逛吧！

14:50 西舞鶴駅
丹後鐵道

時間 黑松號午餐時段於週五~日、例假日行駛，詳細時間見官網　**價格** 預約制，天橋立→西舞鶴午餐¥13000／人

步行 25分　出站後向北走

吉原地區

15:20 沿著運河而建造的房舍與接連停泊的船隻，形成美麗的水鄉風景，也點出了這個地區漁業興盛的榮景。水無月橋欣賞的角度最是經典。

步行 25分

順原路散步回車站

時間 自由參觀

西舞鶴駅
丹後鐵道

16:30 ¥650

回程搭16:37班次至天橋立

搭電車 41分

天橋立駅
JR線

17:18 ¥4990

搭18:06特急はしだて指定席

搭電車 2小時16分

20:21 京都駅
JR線

或是搭乘丹後之海特急列車。

Goal !

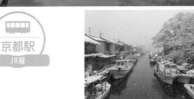

近江八幡與彥根城
一日玩遊 🏷

琵琶湖　近江牛　日本國寶城　彥根喵　水鄉風光

美麗的湖水之國滋賀縣，湛藍澄澈的「琵琶湖」如一顆梨形的藍寶石鑲在滋賀中心，尤其是東側，日本名城「彥根城」與近江八幡的水鄉風情，無處不讓人醉心。搭上近江鐵道，串聯起琵琶湖東岸各大景點吧！

早	**08:00** 京都駅 **09:30** 彥根城 玄宮園

午	万葉太郎坊亭／午餐 太郎坊宮 **14:35** 近江八幡 水鄉之里円山 日牟禮八幡宮 たねや日牟禮乃舍

晚	**18:42** 京都駅

古樸的水鄉風光與古老氣派保存至今。

琵琶湖八景之一 國寶城下賞舊風情

Tips

只在週五、週末和國定假日發售使用的微笑乘車券，可在一日內自由搭乘近江鐵道，持票還有多處景點入場優惠。¥900。

Start!

可愛的彥根喵11:00、13:30、15:00在這裡跟你見面!(可在官網確認時間)

08:00 京都駅 JR線

¥1170

搭8:00發的東海道本線新快速列車

搭電車 50分

09:10 彥根駅 JR線

沿著駅前お城通り即達

步行 15分

彥根

彥根城

彥根城與姬路城、松本城、犬山城並列為日本四大國寶名城，天守閣共有三層，建在小山丘頂，登上頂樓從窗戶可眺望四周城市和琵琶湖景觀，為彥根城所帶來的視野感到驚艷。

09:30

順著彥根城公園內指標即達

步行 10分

 Map

 Web

時間 8:30~17:00 價格 彥根城+玄宮園：¥800

彥根

玄宮園

10:50

位於城郭東北邊的玄宮園，據説是仿唐玄宗的離宮所建，庭園中的池塘、假山、植樹、亭閣講究風雅和趣味，有近江八景的美稱。

時間 8:30~17:00 價格 純入園¥200，鳳翔台抹茶+和菓子¥500

Map

步行 15分 沿著駅前お城通り回車站

11:30 彥根駅 近江鐵道

¥760

搭電車 49分

近江鐵道彥根駅搭11:53往貴生川的本線，至「八日市」駅，換乘12:38往近江八幡的列車。

12:42 太郎坊宮前 東武伊勢崎線

出站後往北穿過大鳥居一直走即達

步行 13分

12:55

万葉太郎坊亭

Map

玩了一個上午肚子也餓扁了！避開中午用餐人潮，來到万葉太郎坊亭品嚐近江牛的美味。午間套餐只提供到14:30，從¥2000起就能吃到純正近江牛肉，還有不同組合可以選擇！

Web

時間 11:30～14:30，17:00～21:30
休日 週一　**價格** すきしゃぶ御膳
(壽喜燒套餐)¥3500

出店繼續往前走即達

步行 15分

13:40

太郎坊宮

Map

又名為「阿賀神社」的太郎坊宮，祭祀的主神是天之忍穗耳命，也是日本神話中的勝利之神，現今許多人來到這裡都是祈求比賽勝利。來到本殿前需穿過一道石縫「夫婦岩」，當地傳說如果心存惡念的人，經過這裡就會被夾死！

時間 自由參觀

沿原路回車站

步行 20分

太郎坊宮前駅
近江鐵道

14:20

¥390

搭14:21發往近江八幡的列車

搭電車 15分

近江八幡駅
近江鐵道

14:35

¥370

車站北口搭乘近鐵湖國巴士長命寺線，至「円山」下車即達

搭巴士 20分

近江八幡

水鄉之里円山

15:00

Map

Web

早年近江八幡由水路連結著住家、農田、礦山，交通全仰賴手搖小船。搭乘手搖船會帶領乘客繞行錯綜複雜的西之湖舊水道，一面欣賞沿岸的自然風光，一面聽船夫訴說這裡的古今故事。

時間 4至11月定期船班10:00、13:10
(假日13:00)、15:00　**價格** 一人¥2200

¥240

搭巴士
8分

「円山」站搭16:26往車站方向的車，
至「八幡堀八幡山ロープウェーロ」下

近江八幡

16:30 日牟禮八幡宮

位於八幡山麓的日牟禮八幡宮作為近江商人的信仰中心而備受崇敬。神社與周遭神社建築與新町通、八幡堀等同為重要傳統建築物保存地區，境內古木參天，氣氛幽靜。

時間 自由參觀

步行
1分

位在日牟禮八幡宮門前

也可搭纜車至山頂遠眺琵琶湖。纜車時間9:00~17:00。

近江八幡

17:00 たねや 日牟禮乃舍

1872年創業於日牟禮八幡宮門前的和菓子老鋪たねや，招牌點心つぶら餅圓滾滾的現烤麻糬外皮香脆，紅豆內餡柔軟甘甜，不論單吃或放在紅豆湯內享用都十分美味。

時間 10:00~17:00(甜點最後點餐為16:30) **價格** つぶらぜんざい(麻糬紅豆湯) ¥770

¥220

搭巴士
14分

回「八幡堀八幡山ロープウェーロ」站
搭往車站方向的車

18:00

近江
八幡駅
JR線

搭車前也可以再逛美麗的八幡堀。

¥680

搭電車
36分

搭18:06發的東海道新快速列車

18:42

京都駅
JR線

Goal !

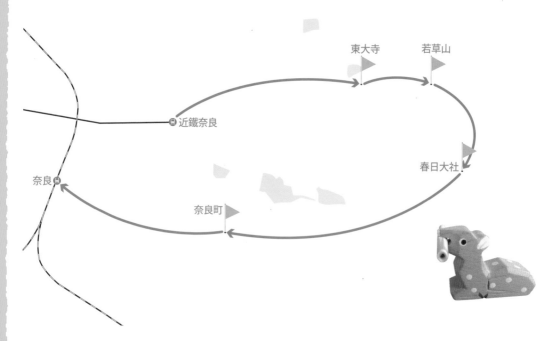

比京都還有歷史的古都奈良經典行程

大佛　小鹿　東大寺
奈良町　老街

至今仍保有小城風味的奈良，寧靜自在的氛圍為古都增添說不出的魅力。夏日登若草山望遠，秋季公園踏青享野趣，冬日參拜香煙裊裊，春日寺前盡賞繁花。就從奈良車站出發，一日在此漫遊吧！

早
09:30 近鐵奈良駅
09:45 東大寺
　　　　大佛布丁
11:00 若草山

午
　　　　春日荷茶屋／午餐
13:30 春日大社
　　　　興福寺
16:10 奈良町
　　　　遊中川

晚
　　　　KANA KANA／晚餐
19:40 奈良駅

東大寺　　若草山

近鐵奈良

春日大社

奈良

奈良町

千年古都尋鹿踪 老城裡漫步日本風情

公園裡處處是小鹿，奈良町小店多很好逛。

Point!
奈良公園與奈良町一帶就可以玩一整天，車站前的商店街也很好逛，時間不要安排太趕！

Start!

08:20 ¥1160
京都駅 近鐵奈良線

搭電車 **35分**
至近鐵京都駅搭8:55發車的特急指定席

奈良公園處處是小鹿，買鹿仙貝小鹿們就會靠過來囉！

09:30
近鐵奈良駅 近鐵奈良線

步行 **15分**
出站一直順著大宮通往東走即達

09:45

步行 **1分**
至東大寺門前夢風ひろば內即有販售

東大寺

 Map

東大寺為奈良時代佛教全盛時期的代表作，大佛殿，是全世界最大的木造建築，高度超過47公尺，相當於16層樓。寺內僅供養了毘廬舍那佛，是世界最大的銅造佛像。

 Web

時間 4~10月7:30~17:30、11~3月8:00~17:00 價格 ¥600

大佛布丁

Map

奈良的名物伴手禮大佛布丁，口感香濃有如絲綢般滑順，多元創意口味加上可愛的瓶蓋設計，散步途中買一杯來品嚐，幸福滋味讓人難忘。

Web

10:30

時間 12:00~17:00 價格 大佛布丁(小)¥400 註 在近鐵奈良駅、JR奈良駅等地也都設有分店

步行 **10分**
東大寺後方往二月堂方向即是入口

鑽過大佛殿柱子底部的洞，就可以得到幸福！

11:00

若草山

Map

嚴冬之際熊熊燃燒的若草山，可說是奈良最不容錯過的景觀之一。平時的若草山則是綠草香、白雲飄的踏青好去處，登上山頂更可遠眺奈良市區。

時間 每年3月中至12月中開山 價格 入山¥150

每年正月的第四個週六是燒山祭。

下山後往春日大社方向前進，
位於神苑門口

步行 10分

春日荷茶屋

12:30

Map

Web

春日荷茶屋從江戶時期營業至今，除了各種季節點心，更以奈良的鄉土料理「萬葉粥」聞名。選用季節植物作為材料所煮成的粥，每個月份都會調整口味，有的配合節氣、有的則配合時令蔬菜。

時間 10:30~16:30 **休日** 不定休，見網站公告 **價格** 萬葉粥￥1100

步行 1分 經過萬葉植物園即達

春日大社

13:30

Map

Web

本殿位於高大的樹林之間，1.5公里長的參道上兩千餘座覆滿青苔的石造燈籠並立；殿內千餘座銅製燈籠，在每年2月節分與8月的14、15日都會點亮，映照著神社四周茂密參天的原始森林充滿幽玄的美感。

時間 4~9月6:00~18:00，10~3月6:30~17:00 **價格** 本殿特別參拜￥500

猿澤池為興福寺的放生池，可由此觀賞五重塔的倒影。

步行 15分 沿春日大社前表參道直行接三条通即達

興福寺

15:00

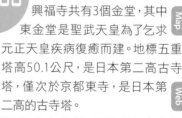

Map

Web

興福寺共有3個金堂，其中東金堂是聖武天皇為了乞求元正天皇疾病復癒而建。地標五重塔高50.1公尺，是日本第二高古寺塔，僅次於京都東寺，是日本第二高的古寺塔。

時間 自由參觀，國寶館、東金堂9:00~16:45 **價格** 國寶館￥700，東金堂￥300。共通券￥900

位在猿澤池畔　步行 3分

16:10

奈良町

奈良老街被稱作「奈良最古老的小鎮」，位在猿澤池的南邊小巷內，百年前江戶時代的木造格子窗建築並排著，老街裡還藏著很多家外觀古樸、內部改造得時髦的咖啡屋或茶館。

時間 自由參觀

奈良町格子之家可了解奈良在地的文化與建築。

在奈良町裡　步行 1分

17:00

遊中川

由奈良三百多年老店中川政七商店經營的遊中川，在奈良町的格子老屋中除了創業所專精的棉麻商品外，一貫的小鹿標結合了奈良在地的文化與特色，將傳統技術融合文創設計。

 Map

Web

時間 10:00~19:00　價格 ふきん(麻質抹布)￥540

步行 2分　在奈良町裡

18:00

KANA KANA

由老町家改建的室內有舖著榻榻米的日式座席，也有擺上西式桌椅的摩登空間。推薦品嚐店家的招牌餐カナカナごはん。

Map

Web

時間 11:00~19:00　休日 週一
價格 カナカナごはん(招牌套餐)￥1595

順著奈良町大通往西走　步行 20分

奈良駅 JR線

19:40　￥720

搭19:50往京都的區間快速　搭電車 57分

京都駅 JR線

20:47

Goal！

大阪市區名點滿喫之旅

大阪城　展望台　心齋橋商店街　通天閣　章魚燒

大阪是關西最大城市，許多流行、購物百貨都集中在這裡。其實不只是購物，這裡也有十分特殊的庶民文化，想要感受與東京不同的民間風情，便一定要好好地玩一趟！

早
09:00 なんば駅
09:15 黑門市場
10:00 通天閣

午
11:30 大阪城
14:00 梅田
　　　きじ大阪燒／午餐
　　　空中庭園展望台
　　　Grand Front

晚
17:10 心齋橋商店街
　　　道頓堀
19:30 なんば駅

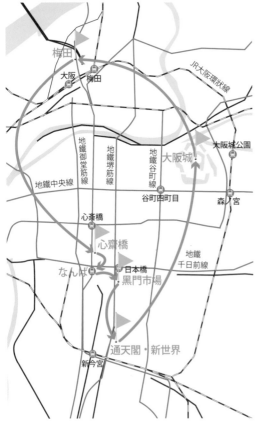

南北三處展望台 登高欣賞大阪風景

大阪北區時尚,南區庶民活力!

買張地下鐵一日券,全程都搭地下鐵雖然省錢,但有時搭乘JR反而方便快速,不妨配合行程改買單程票+散步吧!

Start!

09:00 なんば駅 大阪地下鐵

步行 15分 順著千日前通步行至堺筋通右轉即達
註 亦可至日本橋駅10出口出站即達

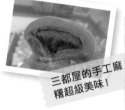
三都屋的手工麻糬超級美味!

09:15 **黑門市場**

黑門市場的美食更是眾多,這裡可以走入在地人生活,從庶民料理到高貴的河豚料理,應有盡有。來市場一趟等於是走了一遭大阪的廚房,輕鬆就能嚐盡各式美食。

沿著堺筋通一路向南走

步行 20分

時間 約8:00~17:00,依店家而異

10:00 **通天閣**

從難波再往南走,就是熱鬧的新世界、天王寺一帶。通天閣初建於明治45年,後因火災毀損,現在所見的則是1956年代再建的第二代通天閣,集結2F、B1購物區以及4~5樓展望台、頂樓戶外展望台「天望パラダイス」,3樓也有餐廳及百年前新世界街區模型再現。

走通天閣南本通即達

步行 7分

新今宮駅 JR大阪環狀線

11:00 ¥180

搭11:06大阪環狀線(內回)列車

搭電車 15分

時間 10:00~20:00(最後入場19:30) **價格** ¥900

一定要摸摸運福神ビリケン的腳底!

大阪城公園駅 JR

11:21

幾乎炸串名店都在通天閣南本通與鏘鏘橫丁。

2出口即達

步行 2分

11:30

大阪城公園

Map

大阪城無疑是大阪最著名的地標，除了最醒目的天守閣之外，大阪市立博物館就位於大阪城內，還有幾處古蹟文物也不容錯過。

Web

時間 天守閣9:00~17:00(入場~16:30) **價格** 天守閣¥600

從天守閣順原路走

步行 15分

大阪城公園駅 JR大阪環狀線

13:30 **¥160**

大手門為大阪城的正門，為高麗門樣式創立於1628年。

搭13:32大阪環狀線(內回)列車

搭電車 9分

13:41 **大阪駅** JR線

按照原貌重建後亮麗豪華的天守閣，可登高俯看大阪市全景。

往Grand Front Osaka南館方向走，往西過馬路穿過地下道，在Umeda SKY Building「滝見小路」裡

步行 15分

14:00

きじ大阪燒

Map

きじ是大阪燒名店，主人木地崇嚴曾經以大阪燒達人的身分受邀參加「電視冠軍」，他說其實並沒有什麼講究的食材或技術，只是想將關西人最自豪的熱情傳達給所有人！

時間 11:30~21:30 **休日** 週四 **價格** 豚もやし(豆芽菜豬肉)¥902

Umeda SKY Building 35樓

步行 1分

15:00

空中庭園展望台

Map

搭乘高速電梯到35樓，再轉搭140公尺長的圓頂手扶梯，一直線往上升到39樓有玻璃帷幕的展望室，再往上走樓梯到頂樓便是露天的360度空中庭園展望台。

Web

時間 9:30~22:30(入場~22:00) **價格** 成人¥1500

沿原路走回　步行 **10**分

16:00

GRAND FRONT OSAKA

位在大阪梅田的北邊重劃區，分為南館、北館與うめきた廣場三個部分。網羅了來自各地的時尚、生活、美容、咖啡、美食相關店舖共266間。

時間 商店10:00~21:00，餐廳、UMEKITA DINING(南館7~9F) 11:00~23:00，UMEKITA CELLAR 10:00~22:00。有些店舖時間不同，詳洽官網

回到大阪駅，依指標找到御堂筋線的梅田駅(紅線)　步行 **5**分

🚌 **梅田駅**
大阪地下鐵御堂筋線

17:00

搭大阪地下鐵御堂筋線直達　搭地鐵 **7**分　¥230

🚌 **心齋橋駅**
大阪地下鐵御堂筋線

17:07

心齋橋與道頓堀交叉口可看到知名固力果跑跑人！

5、6出口即達　步行 **1**分

心斎橋商店街

17:10

心斎橋是條具有百年歷史的購物商店街，百貨公司、餐廳、老舖、時尚流行商家林立，藥妝店更是一家比一定便宜，逛街的人潮熱絡，到了假日更是擁擠。

時間 約10:00~20:30，依店家不一

擁有遮陽頂蓋的商店街，晴雨皆好逛。

沿著商店街一直往難波方向走　步行 **10**分

道頓堀

18:00

道頓堀是個美食天堂，章魚燒、拉麵、烏龍麵、大阪燒……聚集各種國民美味。從前，大阪商人利用長堀運河載著貨物到此交易，現在有遊覽船帶著遊客們看看水道風景。

時間 約10:00~23:00，依店家不一

沿戎橋商店街即達　步行 **3**分

🚌 **なんば駅**
大阪地下鐵

19:30

Goal !

神戶深度文化小旅行

異人館　姬路城　明石海峽大橋　神戶牛　神戶港

許多人在玩關西時，常常因為時間不夠而捨棄神戶的景點，其實位在兵庫縣的神戶佔地很廣，周邊景點豐富且多元，不只歷史文化豐富，好吃好買好好玩，絕對值得特地前來。

早
08:00 三ノ宮駅
09:10 姬路城
12:00 明石海峽大橋
　　　　舞子海上步道

午
　　　　PLAISIR／午餐
15:00 北野異人館
　　　　西村咖啡本店

晚
　　　　三宮中心商店街
18:00 神戶港
　　　　Umie MOSAIC
21:00 神戶駅

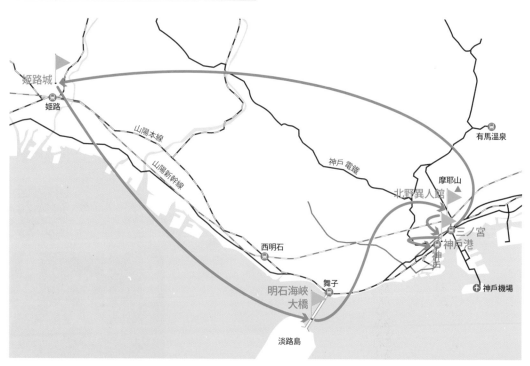

姬路城
姬路
山陽本線
山陽新幹線
神戶 電鐵
有馬溫泉
摩耶山
北野異人館
西明石
舞子
三ノ宮
神戶港
神戶
神戶機場
明石海峽大橋
淡路島

海岸沿線風景處處 港町美景盡收眼底

一整天行程很滿，要早點出門！

Point! 除了可以搭JR移動，亦可以搭乘山陽電車前往姬路、明石，可視手中既有的票券來決定。

Start！

08:00 ¥990 三ノ宮駅 JR

三個小天守鞏固著巍峨的大天守，這種連立式天守的樣式只有在姬路城才看得到！

搭8:08發車的山陽本線新快速列車

搭電車 **41**分

08:50 姬路駅 JR

出站沿大手前通直走即達

步行 **10**分

09:10

姬路城

姬路城因為有著白漆喰(抹牆用的灰泥)所塗刷的白壁，所以有白鷺城的美稱。若要由外緣到城內都全程走完大約需要三小時，尤其是一層層沿著高聳的階梯爬上天守閣更是挺費力的，不過走這一趟絕對值得

 Map
 Web

沿大手前通往回走

步行 **15**分

11:10 山陽姬路駅 山陽電鐵 ¥740

時間 9:00~16:00(閉城至17:00) **休日** 12/29、12/30 **價格** ¥1000、姬路城・好古園共通券 ¥1050

搭11:22發的山陽電鐵本線直通特急

搭電車 **35**分

11:58 舞子公園駅 山陽電鐵

 Map
 Web

一出站就能遠遠看到美麗的吊橋。

出口1即達

步行 **1**分

舞子海上步道

要體驗明石海峽，從舞子這側登上明石海峽大橋中，就能來到離海面47公尺，長317公尺的迴遊式海上步道。

時間 9:00~18:00 **休日** 10~3月第2個週一、12/29~12/31 **價格** 平日¥250，假日¥300

12:00

「丸木橋」以透明的玻璃讓人可直接看到海底！

往回走會先到JR舞子車站

步行
1分

舞子駅
JR

13:00
¥310

搭13:03發的JR神戶線快速列車

搭電車
21分

三ノ宮駅
JR

13:24

往生田神社方向走

步行
3分

三宮

13:30

沿北野坂
向上坡走即是

步行
10分

> 午間的優惠套餐讓人
> 能享用平價神戶牛！

三宮

PLAISIR

PLAISIR的牛肉皆為兵庫境
內農場直送，結合當季鮮
蔬一同炙煎，藉由鐵板將神戶牛
肉鮮美的肉汁都鎖起來，瞬間
就變化出一道道美味的料理。
【時間】11:30~15:00(L.
O.14:00)，17:00~22:30(L.
O.21:00) 【休日】週一 【價格】神
戶ビーフの炙り焼き(燒烤神戶牛肉)¥2750

Map

Web

三宮

15:00

北野異人館

「異人」指的是外國人之意。
明治時代神戶開港後，歐洲人
在北野山坡的領事館或居住的家，
多建造成接近故鄉風格的洋館，保
留至今開放供大眾參觀。時間不夠
的話建議只入內參觀風見雞の館。
【時間】約9:00~18:00，各館不一
【價格】風見雞の館¥500。另有多種
組合的共通券可購買。

Map

Web

往下走至中山手通右轉即達

步行
5分

三宮

15:45

西村咖啡本店

分店眾多的西村咖啡，本
店從店門口就充滿濃濃洋風，
不只有咖啡，還提供早、午、晚
間套餐，大多都是當地客層前
來，氣氛寧靜且優雅。
【時間】8:30~23:00 【價格】咖啡¥650起

Map

Web

過馬路沿東門街向下走即達

步行 5分

三宮

三宮中心商店街

16:30

三宮中心商店街是神戶地區最熱鬧的商店街，從三宮可以一路往西逛到元町地區，再沿著元町商店街向西走便能直直通到神戶車站。由於商店街頂頭有遮雨棚，即使艷陽天或下大雨依然能買個盡興。

時間 約10:00~20:00，依店舖而異

從元町向榮町方向走，
再南邊就是美利堅公園

步行 15分

神戶港

18:00

神戶港塔的造型來自日本的「鼓」。

神戶港灣最重要的景點美利堅公園與神戶港塔位在同側。與港灣相對的購物商場、美食餐廳、遊樂園、飯店、博物館等玩樂遊憩設施連成一氣，最推薦晚上來這裡拍美美夜景。

時間 約10:00~20:30，依店家不一 註 神戶港塔現因整修工事休館中

BEKOBE是網美打卡必拍景點！

沿著港邊向摩天輪方向走

步行 10分

神戶港

19:30 **Umie MOSAIC**

漆色亮麗的木造建築與海港景色非常搭配，這裡有許多小店與餐廳。面海側有寬廣的露台，晚上可觀賞美麗的神戶港夜景，夏天則是欣賞海上煙火秀的最佳角度。

時間 購物10:00~20:00，餐廳11:00~22:00

往DUOKOBE方向走即達

步行 5分

神戶駅 JR

21:00

Goal !

高野山一日心靈小旅行

🏷 宗教聖地　壇上伽藍　金剛峯寺　精進料理　纜車

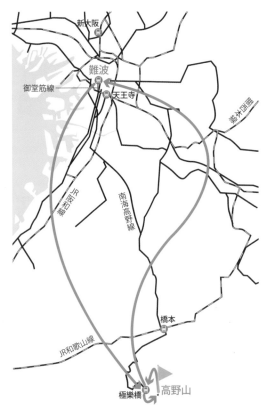

こうやくん
高野山開創1200年 マスコットキャラクター

山林蔥鬱的高野山為佛家密教真言宗的根本道場，空海生前最後幾年長居高野山，眼見四周的山景宛如四佛和四菩薩充滿靈氣，便決定在此開山建寺。以壇上伽藍為核心靈秀逼人，近年成為熱門觀光景點。

早
08:40 南海難波駅
10:09 高野山
高野山登山纜車
奧之院

午
12:10 苅萱堂
梵恩舍／午餐
麩善
金剛峯寺
壇上伽藍

晚
18:10 南海難波駅

新大阪
難波
御堂筋線　天王寺
JR阪和線　南海高野線
橋本
JR和歌山線
極樂橋　高野山

常言道：未到高野山不算了解日本文化

搭乘坡度最陡的登山纜車

Point!
山上佛寺眾多，逛起來並不輕鬆，不妨多利用山上的巡迴巴士，以免太累。

Start!

08:40 ¥1680
難波駅
南海高野線

搭8:42發的南海特急こうや指定席

搭電車 1小時19分

10:01
極樂橋駅
南海高野線

10:09 ¥500

搭乘高野山登山纜車

搭纜車 5分

高野山登山纜車

高野山纜車是為鋼索線纜車，從極樂橋駅搭至高野山駅只要花費5分鐘，但高低差330公尺，且山壁陡峭，雖然兩側看不到什麼風景，但這可是一般觀光客通往高野山最容易的途徑。

時間 每小時約3~5班車，會配合抵達極樂橋駅的列車來發車 **價格** 單程 ¥500

10:15 ¥420
高野山駅
登山纜車

搭巴士 20分

搭10:20發的22號巴士「奧の院前」站下車徒步20分

奧之院

10:41
奧之院的入口是「一之橋」，由此穿過「二之橋」、「御廟橋」，最後抵達奧之院最神聖的「御廟」。這裡是空海生前宏揚佛法的地方，也是最後棲身之處，因此成為四國~高野山朝聖之旅的終點。

時間 6:00~17:30 **價格** 自由參觀

¥160

搭12:05發的21號巴士
在「苅萱堂」站下車即達

搭巴士
5分

苅萱堂

12:10

相傳九州筑前的領主至高
野山出家,法號苅萱道心。多
年後其子入山尋父,拜在苅萱道
心門下修行,共侍佛法。來到苅萱堂可欣賞這個
故事的版畫作品,了解早
期高野山的傳說祕話。

時間 8:00~17:00 **價格** 自
由拜觀

滿室壁畫帶人進入高野
山的傳奇歷史之中。

沿大路往西走 步行
5分

梵恩舍

12:30

梵恩舍是一間由古民家改建
而成的天然食咖啡廳,曾經在
國外流浪過很長
一段時間的店主
人能說5國語言(中文、日文、義
大利文、法文、英文)。推薦散
步途中可以來這裡享用每天
菜色不同的午間套餐。

時間 7:30~17:00 **休日** 週
一、二 **價格** 午間套餐¥1200起

繼續沿大路向西,到千手院橋左轉,
經過首途弁財天社後右轉即是

步行
10分

14:00

麩善

麩善是供應生麩予高野山
寺院宿坊的百年名店。生麩
從中國傳入,是高野山精進料理中
不可或缺的一角,可以沾醬油或味
噌直接食用、或是輕炸後煮湯,
營養又健康。

時間 9:00~16:30 **休日** 週一 **價格**
笹卷あんぷ(生麩饅頭)一個¥160

用熊笹葉包裹填有紅豆
泥的生麩饅頭更是高野
山的最佳伴手名點。

沿原路返回，到地藏尊右轉

步行
5分

金剛峯寺

14:30

自從空海建立金剛峯寺，指定為真言宗傳教道場後，金剛峯寺便成為日本真言宗的總本山，日本全國三千多個真言宗寺院，流歸於此。寺內除了收藏重要的「兩界陀羅圖」等佛教寶物，房間內以金色為底的畫作均出自狩野派的作品。

時間 8:30~17:00 價格 ¥1000

沿408線道走即達

步行
5分

壇上伽藍

15:30

以根本大塔為中心，由金堂、不動堂、御影堂等寺廟所構成的壇上伽藍將密教思想具體化，代表大日如來佛鎮座壇上。傳說空海在中國學法時將法器「三鈷杵」往日本方向丟擲，而後便在此地發現。於是根本大塔前常可見到遊人撿拾塔前的三葉松，據說那便是三鈷杵的化身。

時間 8:30~17:00 價格 根本大塔¥500、金堂¥500

至「千手院橋」站搭16:13發的21號巴士

¥300
搭巴士
15分

高野山駅
南海高野線
16:31 ¥500

搭乘16:37發的高野山登山纜車
搭纜車
5分

極樂橋駅
南海高野線
16:42 ¥1680

壇上伽藍上朱色顯目的「根本大塔」內供奉著大日如來與金剛界四佛。

搭乘16:47發的南海特急こうや指定席
搭電車
1小時23分

18:10

難波駅
南海高野線

Goal！

伊勢神宮參拜一日行程

豐受大神宮　皇大神宮　托福橫丁　伊勢烏龍麵　夫婦岩

自古便被日本人認為一生一定要參拜一次，伊勢神宮是至高無上的存在。古代參拜完外宮，再順著森林中鋪著白色砂粒的參道，跨越宇治橋到內宮參拜。現在置身於蓊鬱的神宮之森，彷彿是神話中的世界，充滿神秘肅穆。

早
09:00 伊勢市駅
09:10 外宮
10:40 內宮

午
12:00 托福橫丁
　　　 福助／午餐
　　　 參宮歷史館おかげ座
　　　 赤福
15:00 二見浦夫婦岩

晚
16:12 鳥羽駅

二見浦
夫婦岩

伊勢神宮(外宮)　　JR參宮線
伊勢市　　　　　　 二見浦
五十鈴川　　　近鐵鳥羽線
托福
橫丁
伊勢神宮(內宮)
鳥羽

利用車站的寄物服務，更順暢串聯行程。

日本人心靈信仰聖地
20年一次的式年遷宮

Point!
從伊勢神宮外宮到內宮之間的直線距離有5公里，徒步會很吃力且費時，建議利用行駛於外宮和內宮之間的循環路線巴士。

Tips
伊勢市駅寄物處位在JR伊勢市駅出口，可寄放行李，也可將行李配送至伊勢、志摩、鳥羽的飯店。價格 寄放行李￥500，行李配送￥1000起

Start!

09:00 伊勢市駅 JR

步行 **7分**
南口出站看到巨大的鳥居就是外宮參道

09:10 豐受大神宮／外宮
每天的早上8點和傍晚4點(10月~3月為早上9點和下午3點)會有稱為「朝夕大御饌祭」的祭祀，祭祀進行的前後，可以在參道上與穿著日本平安時代裝束、擔負著唐櫃的神官隊伍不期而遇。
時間 5:00~19:00(依季節有所變動) 價格 自由參觀

至「外宮前」站搭51號循環路線巴士在「內宮前」站下

￥440 搭巴士 **20分**

10:40 皇大神宮／內宮
伊勢神宮的內宮供奉著日本至高無上的天神——天照大御神，從表參道上可看到不遠處的神路山與鳥路山，參拜完可順遊杉木參天的荒祭宮與風日祈宮，眺望到內宮正殿的屋簷在陽光下閃耀著金黃色的光澤，特別有崇敬氣息。
時間 5:00~19:00(依季節有所變動) 價格 自由參觀

架在五十鈴川上的宇治橋，為人間與神界的界線。

至御手洗場沾沾五十鈴川的潔淨神水。

入口位在內宮旁　步行 1分

12:00 除厄町·托福橫丁

 Map
 Web

從伊勢神宮內宮宇治橋一直延伸到門前町「除厄町」，與「托福橫丁」重現了江戶至明治時代的伊勢路代表建築物，在伊勢神宮的庇佑下生生不息。看著現在遊人如織，也能遙想古時伊勢商人們熙來攘往的景象。

時間 約9:30~17:00，依店家而異

托福橫丁內　步行 3分

12:30 福助

Map

伊勢烏龍麵跟別處的烏龍麵大不相同，雪白肥厚的麵條柔軟滑細，配上獨家調製的甜醬油與味酥，口味濃郁卻不死鹹！

時間 10:00~17:00(依季節而異)　價格 伊勢うどん(伊勢烏龍麵)¥560

托福橫丁內　步行 1分

13:00 參宮歷史館おかげ座

Map

托福座就像是一個小型展覽館，將江戶時代伊勢神宮前的參拜人潮，用真人1/2大小的模型重現，除了可以近距離走進街道裡面觀賞，還可以聽到攤販吆喝的聲音！

時間 10:00~16:30（因季節而異）　價格 大人¥400、小孩¥200

托福橫丁入口對面

步行 1分

14:45 赤福

 Map

赤福是三重縣最有名的點
心,一般的和菓子都是麻糬裡
包著豆沙餡,而赤福卻是反過
來,用綿密細緻的豆沙泥包裹著
糯米丸子,清香撲鼻、甜而不膩,
果真不愧為伊勢志摩的名物點心。

 Web

時間 5:00~17:00 **價格** お召し上が
り「盆」(現場享用2入+番茶)¥250

¥650 搭巴士 26分

在「內宮前」站搭乘CAN巴士在「二見総合
支所前」站下車,沿二見浦表參道走。

內用包含茶水,和
赤福搭配剛剛好。

15:00 夫婦岩

 Map

浮在二見的東方海面上的
夫婦岩可説是二見的象徵,
一大一小兩塊岩石分別為男岩和女
岩,大的男岩高約8.7公尺,較小的
女岩則為3.6公尺,兩塊石頭的中間繫著一條粗麻
繩,緊緊地連繫著夫妻間的緣份,象徵夫婦圓滿
與良緣。

時間 自由參觀

沿二見浦表參道往回散步至車站

步行 20分

 **16:00**

二見浦駅 JR參宮線

從二見興玉神社可以清楚
地看到夫妻岩的正面。

¥210 搭電車 10分

搭16:10發的JR參宮線普通車

16:12

鳥羽駅 JR參宮線

Goal!

北陸排行程入門指南

石川縣
富山縣
福井縣

北陸位於日本海側的中部地區，包含福井、石川、富山三縣，富山的立山連峰與黑部峽谷是仰望雪壁的夢幻景點，石川以工藝王國聞名，福井狹長的地理環境自古便是連結北陸與關西地方的出入口，不論是歷史古城、世界遺產、山海資源，都是北陸值得一一品味的魅力。

Q
我到北陸觀光要留幾天才夠？

Q
天氣跟台灣差很多嗎？

Q
什麼季節去最美？

A
相較於日本其他區域，北陸範圍較小、觀光資源集中，如果假期不長很適合來個**3天2夜**小旅行，推薦以石川縣為行程重點。進階旅人則可搭配交通票券，延伸為中部北陸、關西北陸的跨區域玩法！

A
夏天和春秋大致上與台灣差異不大，早春有時氣溫仍在10度以下，初秋天氣涼爽宜人，薄外套或針織長衫就很適合。**冬季則會降到零度以下**，寒流來時甚至會連飄數天大雪，需特別注意保暖及戶外穿著。

A
3月底至4月中是賞櫻季，身為北陸觀光重點的立山黑部的雪之大谷，則於4月中旬至11月下旬開山。11月份進入賞楓季節，奪目的紅葉為山頭染上詩意。北陸溫泉資源豐沛，冬天也很適合來泡湯度假！

有了基本認識後，現在就來打造最適合自己的旅遊行程吧！

從機場要搭什麼車進入市區

中部機場→北陸各區

前往北陸旅行，以航班多、價格實惠的名古屋中部機場最常被利用。抵達中部機場後，請先搭乘名鐵列車至名古屋駅，再轉搭JR或巴士前進北陸各區。

利用鐵路
◎路線與價格指南

出發地	目的地	交通方式	時間	價格
名古屋駅	金沢駅	JR特急「しらさぎ(白鷺)」	約3小時	¥6930
	加賀温泉駅	JR特急「しらさぎ(白鷺)」	約2小時30分	¥6160
	輪島	JR特急「しらさぎ(白鷺)」至金沢駅，再轉搭北鉄巴士	共約5小時	¥9230
	富山駅	JR特急「ひだ(飛驒)」	約4小時	¥7260
	福井駅	JR特急「しらさぎ(白鷺)」	約2小時10分	¥5280
	敦賀駅		約1小時40分	¥4170
	三国駅	JR搭乘特急「しらさぎ(白鷺)」到芦原温泉駅，轉搭京福巴士即達	約3小時20分	¥6530

利用巴士
◎路線與價格指南

出發地	目的地	交通方式	時間	價格
名古屋	五箇山	名古屋駅前搭乘Kitokito Liner「名古屋～高岡線」至五箇山IC(須提前預約)	約2小時30分	¥3500起
	金沢駅前(東口)	名鐵BT搭乘北陸鉄道特急巴士(須提前預約)	約4小時	¥3600起
	富山	富山地方鉄道名古屋～富山線	約3小時40分	¥3300起
	福井	JR東海巴士名古屋～福井線	約2時50分	¥3300

小松機場→北陸各區
◎路線與價格指南

目的地	交通方式	時間	價格
金沢	北鉄巴士(小松機場Limousine Bus)	至金沢駅西口40分 至香林坊55分	¥1300
加賀溫泉駅	加賀周遊巴士CAN BUS	約30分	¥550 一日券¥1100 二日券¥1300
JR小松駅	北鉄巴士	約12分	¥280
福井	京福巴士	約60分	¥1400

富山機場→市區
◎路線與價格指南

目的地	交通方式	時間	價格
富山駅	富山地鐵巴士	約20分	¥420

關西機場→北陸各區
如果在旅遊旺季時訂不到上述機場的機票的話，建議可以改從大阪的關西國際機場進出，因為大阪要到名古屋有近鐵、新幹線，到北陸有特急列車直結，而且乘換並不困難。
◎路線與價格指南

Tips 自北陸新幹線開通後，東京到金澤約莫3小時就能直達，加上舒適的新幹線乘車環境，也讓不少人會選擇從羽田機場進出。

目的地	交通方式	時間	價格
福井駅	搭車至大阪、新大阪駅，轉乘特急「サンダーバード(雷鳥)」	約3小時	機場→新大阪¥2380(特急Haruka) 新大阪→福井¥6340(指定席)
金沢駅	搭車至大阪、新大阪駅，轉乘特急「サンダーバード(雷鳥)」	約4小時	機場→新大阪¥2380(特急Haruka) 新大阪→金沢¥7990(指定席)

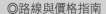
懶人**看這裡**就對了！

	機場巴士	一般鐵路	特急列車	計程車
行李又多又重	○	△	△	○
只要便宜就好	△	○	△	×
只要輕鬆就好	○	×	△	○
沒時間，要快點	△	×	○	△

○=適合 △=還可以 ×=不適合

北陸的東西南北
馬上看懂

穴水 ◎

和倉温泉 ◎

富山湾

系魚川

黑部峽谷

日本海

高岡

富山

立山黑部

富山機場 ✈

富山縣

金澤

五箇山

小松機場 ✈

石川縣

◎ 高山

◎ 加賀

三國湊

岐阜縣

福井 ◎

福井恐龍博物館

下呂 ◎

福井縣

敦賀 ◎

岐阜 ◎

犬山 •

琵琶湖

◎ 名古屋

京都府

滋賀縣

✈ 名古屋中部國際機場

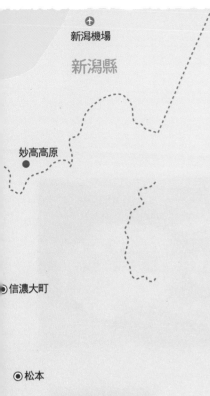

新潟機場

新潟縣

妙高高原

信濃大町

松本

長野縣

愛知縣

我要住哪一區最方便？

金澤：

位處於北陸三縣的中央，佔交通地利的優勢，往東往西跑都相當方便，也是前往能登半島的必經之地。本身亦是個觀光大城，景點資源豐沛，住宿選擇相對較多，是遊玩北陸的住宿首選！

富山：

鄰近富山機場，亦是北陸新幹線的重要停靠站，從這裡可轉乘富山地方鐵道阿爾卑斯路線，是進入立山黑部的北陸門戶，前往鄰近觀光區—高岡、冰見、黑部峽谷也都不算麻煩。

福井：

福井占地利之便，是北陸與關西間的交通要衝，本身亦有不少的觀光資源，很適合作為關西‧北陸跨區域行程的中繼站，缺點是都市繁榮程度遠不及富山和金澤，住宿選擇相對較少，晚上也較沒地方可逛。

JR鐵路快譯通

北陸地區JR鐵路JR西日本和JR東日本管轄，做行程規劃前不妨先參照鐵道路線圖，安排出較為合適的旅遊路線吧！

JR西日本路線圖　　JR東日本路線圖

市區交通
放大看清楚！

金澤巴士路線圖

森山一丁目 `RL`

東山三丁目 `LL`

橋場町
(東・主計町茶屋街) `RL`

橋場町(金城樓前) `RL`

主計町茶屋街

橋場町
(金城樓對面) `LL`

兼六園 `RL`
兼六園下・金澤城
(石川門對面)

小橋町 `RL`

小橋町 `LL`

淺野川

兼六園下・金澤城
(白鳥路前) `LL`

廣坂・
21世紀美術館
(石浦神社前) `RL`

本多町
(北陸放送前) `LL`

金澤城
公園

近江町市場

本多町
(金澤歌劇座前) `LL`

明成小學前 `RL`

武藏之辻・近江町市場
(市場館前) `LL`

廣坂・21世紀美術館
(石浦神社對面) `LL`

櫻橋 `RL`

明成小學前 `LL`

南町・
尾山神社 `LL`

香林坊(ATRIO前) `LL`

櫻橋 `LL`

武藏之辻・
近江町市場
(名鐵M'ZA黑門小路前) `RL`

南町・
尾山神社 `RL`

香林坊(日銀前) `RL`

片町
(KIRARA前) `LL`

片町
(PASION前) `LL`

犀川

寺町
寺院群

長町武家
屋敷遺跡

廣小路(大櫻前) `RL`

`RL` `LL` 金澤站東口巴士總站

JR金澤車站

廣小路
(寺町寺院群・西茶屋街) `LL`

`LL` 城下町金澤周遊巴士(逆時針路線)

`RL` 城下町金澤周遊巴士(順時針路線)

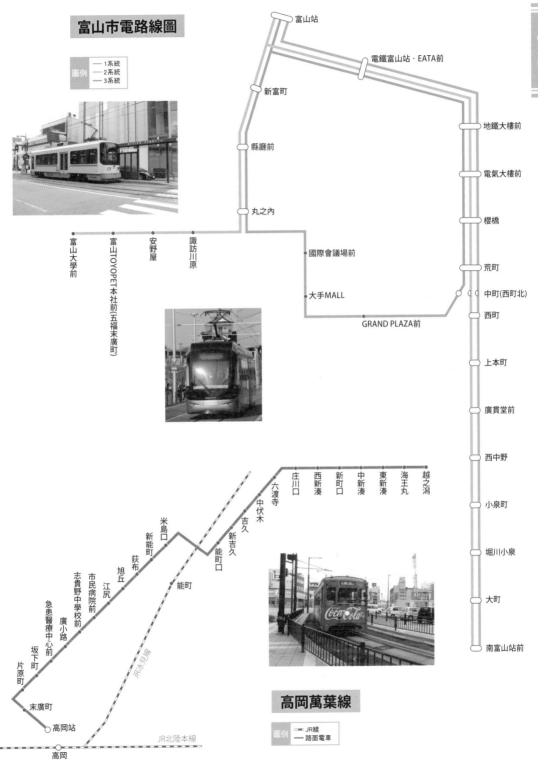

富山市電路線圖

圖例
— 1系統
— 2系統
— 3系統

富山站

電鐵富山站‧EATA前

新富町

縣廳前

地鐵大樓前

電氣大樓前

丸之內

櫻橋

荒町

國際會議場前

中町(西町北)

大手MALL

西町

GRAND PLAZA前

上本町

富山大學前

富山TOYOPET本社前(五福末廣町)

安野屋

諏訪川原

廣貫堂前

西中野

小泉町

堀川小泉

大町

南富山站前

高岡萬葉線

六渡寺
中伏木
吉久
新吉久
能町口

庄川口
西新湊
新町口
中新湊
東新湊
海王丸
越之潟

米島口
新能町
荻布
旭丘
江尻
市民病院前
志貴野中學校前
廣小路
急患醫療中心前
坂下町
片原町
末廣町
高岡站

能町

JR冰見線

JR北陸本線

高岡

圖例
═══ JR線
—— 路面電車

有什麼**優惠車票**適合我？

	北陸地區鐵路周遊券 Hokuriku Area Pass	立山黑部阿爾卑斯、高山、松本地區周遊券 Alpine-Takayama-Matsumoto Area Tourist Pass
使用區間	北陸新幹線(金澤~黑部宇奈月溫泉) JR西日本在來線段(小濱~金澤、越前花堂~九頭龍湖、和倉溫泉~津幡、冰見~城端、富山~豬谷) IR石川鐵道線(金澤~津幡)、愛之風富山鐵道線(高岡~富山)，中途不可下車 能登鐵道 西日本JR巴士(名金線和循環線)	JR東海道本線 (名古屋~岐阜) JR高山本線 (岐阜~富山) JR中央本線・大糸線 (名古屋~信濃大町) 富山地方鐵路線 (電鐵富山站~立山站) 阿爾卑斯路線 (電鐵富山~信濃大町) 的多種交通工具 (立山斜面纜車、立山高原巴士、立山隧道無軌電車、立山纜車、黑部斜面纜車、關電隧道電氣巴士、巴士)。
價格	台灣購買￥5090 日本購買￥5600	台灣購買￥18600 日本購買￥19600 ※每年約3月中~11月初發售及兌換，4/15~11/10使用。
有效時間	連續4日	連續5日
使用需知	・可搭乘IR石川鐵道線特急列車 ・可搭乘雷鳥號等超特急列車自由席 ・若搭乘「愛之風Liner」需另外支付費用	・可免費劃位特急普通車廂指定席4次 ・不能乘坐東海道新幹線及JR巴士 ・不包含Home liner列車 ・欲搭乘立山~扇澤的各種交通工具前，需在立山或扇澤的出站窗口出示本票券，取得乘車整理票。立山出發的立山斜面電車不需網路預約即可搭乘。
售票處	富山、新高岡、金澤、小松、敦賀、福井、京都、新大阪、大阪、關西機場等JR各站	**JR東海售票處**：東京、品川、新橫濱、名古屋、京都、新大阪、高山 **JR東海TOURS**：東京、品川、新橫濱 **名古屋站 JR諮詢所**
官網		
購買身分	非日本籍旅客，購買需出示護照。	非日本籍旅客，購買需出示護照。

高山·北陸地區周遊券 Takayama-Hokuriku Area Tourist Pass	北陸拱型鐵路周遊券 Hokuriku Arch Pass	昇龍道巴士周遊券 SHORYUDO Bus Pass
北陸新幹線(金澤~富山)、關西空港線·阪和線(關西空港~大阪市內間)、東海道線·湖西線·北陸線(大阪市內~金澤)、高山本線(富山~名古屋)、大阪環狀線全線、櫻島線全線、東西線(放出~加島)、大和路線(JR難波~加美)、神戶線(大阪~塚本)等市區路線 濃飛巴士、富山地鐵、北鐵巴士營運的白川鄉·金澤線 (金澤~白川鄉~高山);高山·富山線(白川鄉~高山)加越能巴士世界遺產巴士	北陸新幹線(金澤~東京) JR在來線:關西、北陸、關東地區 IR石川鐵道線(金澤~津幡)、愛之風富山鐵道線(高岡~富山),中途不可下車能登鐵道 東京單軌電車全線	名古屋~高山(名鐵巴士、濃飛巴士、JR東海巴士) 高山~白川鄉~金澤(北鐵巴士、濃飛巴士) 名古屋~白川鄉(岐阜巴士)自由乘降 名古屋~中部國際機場(名鐵電車)、金澤~小松空港(北鐵巴士)或富山~富山機場的兩枚單程乘車券
台灣購買¥14260 日本購買¥15280	台灣購買¥24500 日本購買¥25500	3日(高山·白川鄉·金澤路線)¥10000 3日(松本·馬籠·日本阿爾卑斯山路線)¥8000 5日¥14000
連續5日	連續7日	連續3日/5日
·可免費劃位特急普通車廂指定席4次,不包含特急Haruka ·無法搭乘東海道新幹線(京都~新大阪)、全車指定席的北陸新幹線かがやき	·可免費劃位新幹線、特急普通車廂指定席,特急Haruka僅能坐自由席 ·無法搭乘東海道、山陽新幹線 ·若搭乘「愛之風Liner」需另外支付費用 ·另有「關西·北陸地區鐵路周遊券」	·預約各大巴士需憑票至窗口預約 ·只能在海外購買,並在指定交換處兌換票券 ·搭乘名鐵電車往返於機場與車站間時,需先至窗口兌換電車車票
JR東海售票處:東京、品川、新橫濱、名古屋、京都、新大阪、高山 **JR東海TOURS:**東京、品川、新橫濱 **新大阪JR旅行服務中心** **名古屋站JR諮詢所**	**旅行服務中心:**橫濱、長野等 **JR東日本旅行服務中心:**濱松町、池袋、澀谷、東京、上野、新宿、成田機場第一航廈、品川等 **JR售票處:**成田機場第二、三航廈、關西機場、大阪、新大阪、京都、金澤等	國內特約旅行社或JTB台灣網站購買,詳洽名鐵觀光服務株式會社
非日本籍旅客,購買需出示護照。	非日本籍旅客,購買需出示護照。	非日本籍旅客,購買需出示護照。

橫斷阿爾卑斯之路一日行程

雪之大谷　交通工具　大水壩　立山　夏天看雪

立山黑部以冰河地形、高原生態、高海拔氣候而觀光魅力無窮,過去因興建水壩成建設的阿爾卑斯之路,把只有登山家才能登頂的立山、黑部峽谷,以最方便輕鬆的交通工具,讓一般人也能親近美景。

早
06:00 電鐵富山駅
07:13 立山駅
08:30 雪之大谷
09:10 立山自然保護中心
10:30 地獄谷

午
11:30 立山飯店／午餐
13:10 黑部遊覽船GARVE

晚
15:45 信濃大町駅

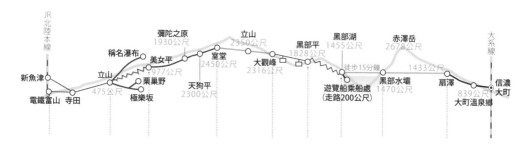

大行李用寄送服務，玩樂不卡卡。

春季限定 壯麗大雪壁奇景

Point!

立山黑部的氣溫比平地平均低12~13度，所以在服裝方面需要特別留心。

行李寄送服務

帶大行李搭乘阿爾卑斯之路不但麻煩且要花錢，就從出發站將行李寄到終點站吧！

價格 行李配送：電鐵富山→信濃大町 ¥2500

注意 富山駅10:00前寄送。信濃大町駅旁アルプスロマン館為15:00~18:00領取。

Start!

06:00 ¥1230
電鐵富山駅
富山地方鐵道

搭電車 1小時10分
搭乘6:06開往立山的普通車

07:13 ¥1090
立山駅
立山電纜車

搭纜車 7分
搭乘7:20的立山電纜車

立山與美女平高低差500公尺。

07:27 ¥2720
美女平
立山高原巴士

搭巴士 40分
搭乘7:40發的立山高原巴士

天狗平
立山高原巴士

08:20

下車即達

步行 1分

立山高原巴士行駛在景觀道路Park Line上。

天狗平至室堂之間的道路在開山的期間開放給遊客體驗行走！

08:30

雪之大谷

受遊客們歡迎的雪之大谷是從室堂到天狗平，每年春天才開放的一條車道。由於高山雪封時間長達四個多月，當春天山路再開時，就會利用除雪車開出阿爾卑斯之路，也因此在道路兩邊留下高達15公尺的雪壁。

時間 每年春天視積雪狀況，宣布「立山開山」的通車日期，約在4月15日前後，也是雪之大谷最壯觀的時候。

Map

Web

天狗平往室堂方向散步即達

步行 30分

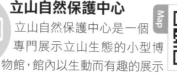

09:10

立山自然保護中心

立山自然保護中心是一個專門展示立山生態的小型博物館,館內以生動而有趣的展示手法詳細介紹立山的高山植物、動物;夏天和秋天有自然解說員在館內,等著服務有需要的遊客,還可以報名參加自然生態導覽解說。

時間 8:30~17:00(7/16~8/31為8:00~17:00)
休日 11月中旬~4月中旬 **價格** 免費

天然記念物雷鳥。

步行 30分 順著步道走即達

沿步道會經過美麗的秘庫立池。

地獄谷

地獄谷可說是日本海拔最高的溫泉,離室堂車站約徒步半小時,尚在沸騰的溫泉熱氣從池沼中噴出,硫磺的氣味不好受,很有身處地獄的感覺。

時間 自由參觀

10:30

往回走,飯店位於室堂車站旁

步行 30分

11:30

立山飯店

被稱為離星星最近的渡假聖地,立山飯店位於海拔2450公尺的立山黑部室堂地區,是中部山岳國家公園少數的飯店之一,也是全日本位處最高的飯店。除了住宿客房,立山飯店也有提供登山客經濟又好吃的食堂與咖啡廳。

時間 食堂10:00~14:00 **價格** 咖哩¥1400

¥2200

回室堂站搭乘12:15發車
的立山隧道無軌電車

搭電車 **10**分

12:25

大觀峰駅
立山空中纜車

¥1700

立山隧道無軌電車
行走在貫穿立山主
峰雄山的中腹。

搭乘12:40的
立山空中纜車

搭纜車 **7**分

立山纜車路線長1710
公尺,是日本第一!

12:47

黑部平駅
黑部隧道電纜車

¥1150

搭乘13:00的黑部隧道電纜車

搭纜車 **5**分

日本唯一走在隧道
中的爬坡電纜車。

13:05

黑部湖駅
黑部隧道電纜車

步行 **5**分

出車站約走200公尺至乘船處

13:10

黑部遊覽船GARVE

要更親近黑部湖,可搭乘
黑部湖遊覽船。在阿爾卑斯之
路通行的時間內,只要海拔高
1448公尺的黑部湖不結冰,
遊覽船就會開航,用30分
鐘帶領遊客們環湖一周,從
湖上欣賞這個日本最高湖的山
光水色。

Map / Web

步行 **15**分

坐完船便可走在水壩上,往下一站前進。

14:30

黑部
ダム駅
關電隧道電軌巴士

時間 6/1 ~11/10每天6班　**休日** 冬季11/11
~5/31、水位低時　**價格** 遊覽船¥1,100

¥1570

搭乘14:35的
關電隧道電軌巴士

搭巴士 **16**分

使用電力的電軌
車在爬坡時會氣
壓與電力並用。

扇沢駅
路線巴士

14:51

¥1390

搭巴士 **35**分

搭乘15:10的路線巴士

信濃
大町駅
JR

15:45

登上水壩的展望台,可
以瞧見整個水壩的巨大
和後立山連峰的全景。

Goal!

前進峽谷探幽一日行程

黑部峽谷　溫泉　紅葉　最美星巴克　富山遊船

黑部峽谷最美的秋景，紅葉紅得令人印象深刻；山頂終年白頭、中腹的楓紅及密林的黑、近山的綠、溪流的藍，五色層的景致遠近馳名。而小火車搭乘處的宇奈月溫泉鄉，更是遊客攬景後泡湯放鬆的好地方。

早	**09:00** 富山駅 **09:10** 運河環水公園 富岩水上LINE
午	麵家いろは／午餐 **14:45** 黑部峽谷小火車 奧鐘橋 人喰岩
晚	**17:58** 宇月奈溫泉駅

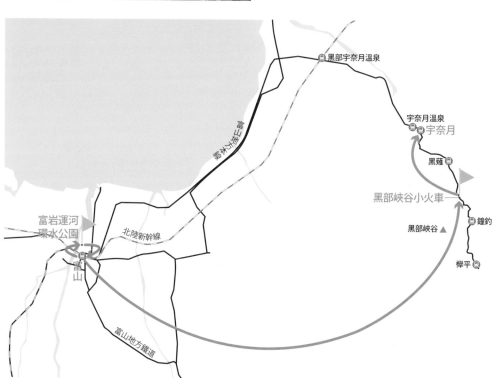

上午乘船遊賞富山 下午搭乘小火車

小火車有固定發車時刻，要看準時間！

Point!
黑部峽谷小火車的行駛時間為4月底~11月底（視當年積雪情況調整），冬季不開放。

Start!

09:00

電鐵富山駅
富山地方鐵道

Map

富山駅北口出站走ブールバール過橋後左轉
步行 10分

09:10

富山市
運河環水公園
富岩運河環水公園是個巨大的複合式設施，腹地內集合美麗水景公園、富山美術館、市民運動中心、運河觀光船、景觀餐廳、景觀咖啡廳等，從早到晚都美。

時間 自由參觀，天門橋瞭望塔9:00~21:30
價格 天門橋免費參觀

沿湖走即達
步行 3分

富山市
富岩水上LINE
作為富山早期重要經濟支撐的水運路線富岩運河，如今成了觀光用途，主要有環水公園路線與岩瀬港兩條航線，環水公園線會經過高低水位差的中島閘門，可參觀操作情況。

Map

Web

09:40

這裡有被譽為最美的星巴克！

時間 4~11月，環水公園路線1小時10分，岩瀬港路線1小時。
價格 環水公園路線¥1400

回富山駅，至南口在CiC B1
步行 15分

11:30

富山市
麵家いろは
麵家いろは「黑拉麵」的湯頭混合雞高湯與魚干高湯兩種，加上秘傳黑醬油，看起來重鹹嚐起來卻清爽不油膩，秘訣正是因為使用了富山灣的深層水。

Map
Web

時間 11:00~22:00(L.O.21:30)
價格 富山ブラックらーめん(富山黑拉麵)¥870

往回走即達　步行 **5**分

電鐵
富山駅
富山地方鐵道　**12:20**　¥1880

搭乘12:34發車的富山地方鐵道本線　搭電車 **1**小時**49**分

宇奈月
溫泉駅
富山地方鐵道　**14:23**

出站即達　步行 **3**分

宇奈月駅
黑部峽谷小火車　**14:30**

新柳河原發電所
像一座歐洲古堡。

14:45

黑部峽谷小火車

黑部峽谷鐵道原本是為了開發水力而鋪設的軌道，卻意外提供了觀賞高山峽谷秘境之美的絕佳視野。小火車穿過41個山洞、25座橋，雖然中間停的站不多，但可欣賞的黑部峽谷景觀點可不少，一路還有廣播說明歷史、建設過程和景點。

Map

Web

時間 4~11月間行駛。宇奈月首班8:17發車，末班14:56發車。欅平首班10:01發車，末班16:43發車

價格 宇奈月駅~欅平駅¥1980，リラックス客車加¥530

黑部川穿過窄小峭壁，山險溪湍，是黑部峽谷的第一紅葉名景。

鐘釣溫泉可眺望對岸直壁式的百貫山，還有野溪泡湯的樂趣。

¥1980

搭乗14:56發車的黑部峽谷小火車

搭電車
1小時**20**分

16:18
欅平駅
黑部峽谷小火車

走下車站廣場的階梯即達

步行
5分

奧鐘橋

16:23 奧鐘橋長87公尺，距溪底有35公尺高，再往下坡可以走到川畔溪谷，以仰角的方式欣賞紅色奧鐘橋，以及蜿蜒向遠方的秋色峽谷。

時間 自由參觀

步行
5分

一過奧鐘橋後即達

人喰岩

一過奧鐘橋後的人喰岩，字面上的意思是會吃人的岩石。巨岩騰空凸懸在頭頂上，人走在下頭像是走進石頭巨人的大嘴裡似的，這裡是大家最喜歡攝影留念的地方，但要小心不要被上頭突然流下的水弄濕了。

16:30

時間 自由參觀

散步回車站

步行
5分

16:35
欅平駅
黑部峽谷小火車

¥1980

搭乗16:43發車的黑部峽谷小火車（此為末班車）

搭電車
1小時**20**分

今晚就在宇月奈溫泉的旅館住一晚吧！

17:58
宇奈月駅
黑部峽谷小火車

Goal！

從高岡出發五箇山小旅行

合掌村　茅草屋　海鮮丼　豆腐　高岡大佛

高岡位在富山縣靠西側，居交通要衝位置。從這裡要到南邊的五箇山十分方便。五箇山的合掌建築群落比起白川鄉幽靜許多，目前留存有相倉與菅沼兩個合掌建築群落，一幢幢合掌建築型的古老茅草屋構成美麗的鄉里圖畫。

早
08:00 高岡駅
08:20 高岡大佛
11:14 五箇山
　　　 岩瀨家

午
12:00 いわな／午餐
　　　 村上家
　　　 喜平商店
　　　 相倉合掌建築群落

晚
18:10 高岡
　　　 柿の匠／晚餐
20:00 高岡駅

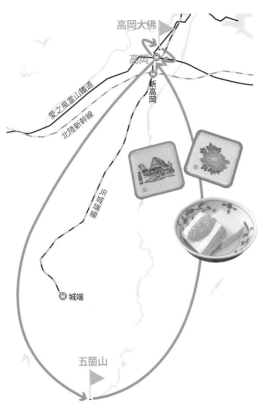

世界遺產巴士悠遊
合掌村集落小巧可愛

Start!

搭巴士要先確認時刻表！

②北陸

Point!

買張「五箇山フリーきっぷ」￥2500，可在2天內於「高岡駅前~ささら館前」間任意上下車。

08:00 🚃 高岡駅 JR

一出北口就會看到多拉A夢裡面的各式人物立在廣場各處！

沿櫻馬場通走即達　步行 **10分**

高岡大佛

08:20

日本三大佛之一的高岡大佛慈眉善目，臉型比起一般佛像的圓潤顯得更有稜角，被稱為是日本美男的原型。高岡大佛原為木造，經過火災後只剩頭部，目前存於大佛台座下的拜殿裡。現在看到的大佛是1907起花了26年才建造完成的銅鑄佛像，也是高岡鑄銅工匠們展現技巧與精華的代表作。

時間 大佛台座下回廊6:00~18:00　**價格** 免費

走回高岡駅北口即達　步行 **10分**

🚏 高岡駅前站 世界遺產巴士

09:35 ￥1200

搭巴士 1小時**40分**

高岡駅前7號巴士站搭乘9:35班次至「西赤尾」站下車即達

 五箇山

以昂貴木材打造，五箇山最知名的宏偉合掌造。

岩瀨家

11:14

被列為日本國家指定重要文化財的岩瀨家是五箇山地區最大規模的合掌屋，於300年前使用最昂貴的欅木，約耗費8年光陰，只為了存放進貢給城主的火藥而打造。一般合掌屋為三層樓，而完整保存的岩瀨家則擁有5層樓，1~2樓為使用者的住居，3~5樓則是養蠶。

時間 9:00~17:00　**休日** 週四(遇假日開館)　**價格** ￥300

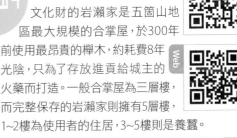

沿著國道156即達　步行 **5**分

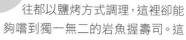

五箇山

いわな

12:00

いわな是日文岩魚的意思。在日本料理中，岩魚往往都以鹽烤方式調理，這裡卻能夠嚐到獨一無二的岩魚握壽司。這道料理必須使用新鮮度絕佳的岩魚，否則是無法品味這肉質細緻卻有口感的夢幻美味。

時間 11:00~20:00　**休日** 週二　**價格** いわな握り(岩魚壽司)¥1045

¥490

搭巴士 **13**分　ささら館前站搭乘13:14班次至「上梨」站下車即達

五箇山

村上家

13:30

村上家是一棟擁有4層樓的大型合掌造建築，現在供人入內參觀其空間的建築構造及居住環境，館主會請每個遊客喝杯藥草茶，然後圍坐在圍爐旁聽取合掌屋的故事。

時間 8:30~17:00，12~3月9:00~16:00　**休日** 週二、三(遇假日營業)、12/15~2月底　**價格** ¥300

> 20人以上團體遊客可事前預約筑子舞蹈表演。

沿著國道156即達　步行 **2**分

五箇山

喜平商店

14:10

製作五箇山豆腐出名的喜平商店使用富山產的黃豆與深山裏所湧出的清流，以獨特而傳統的方式製作，豆腐居然可以直接用麻繩綁住而不會碎裂。

時間 7:00~19:00　**價格** 五箇山豆腐¥500，豆腐霜淇淋¥350

> 別忘了來一支豆腐霜淇淋！

¥340

上梨站搭乘14:27班次
至「相倉口」站下車即達

搭巴士
10分

14:35 ｜五箇山

相倉合掌建築群落

想要看到可愛的合掌村集落，推薦可以來到相倉。小小的集落中有民宿、和紙商店、還可以到民宿館、和紙體驗館體驗當地的民俗工藝，走在其中，感受不到濃厚商業氣息，反倒覺得純樸寧靜。

時間 約8:30~1800依店鋪而異

¥1000

相倉口站搭乘16:45班次回到「高岡駅前」

搭巴士
1小時**20**分

高岡
駅前站
世界遺產巴士

18:10

登上展望台可一
望集落美景！

步行
17分

高岡駅南口沿著前田通即達

柿の匠

18:30

民家建築的用餐環境，有6種海鮮丼餐點供顧客選擇，且皆採用當地新鮮食材製作，其中推薦的是海鮮高岡丼，使用15種季節交替的海鮮食材，滿滿餡料的海鮮丼，鮮甜美味。

時間 11:00~15:00、17:00~21:30
價格 海鮮高岡丼¥2,970

原路回高岡駅

步行
17分

高岡駅
JR

20:00

Goal！

北陸大城一日精華
遊玩必賞

現代藝術　兼六園　茶屋　海鮮　金箔

金澤市區不大,各大景點雖不算集中,但徒步也都在半小時內能達,遊逛起來算是十分輕鬆。為了推展觀光,可愛復古的循環巴士繞行各大景點,就利用巴士,早上吃海鮮、逛美術館、庭園,下午到東茶屋街散步,感受美好金澤。

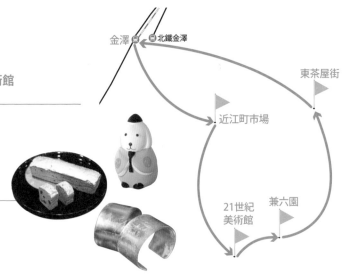

早
09:00 金沢駅
09:10 近江町市場
　　　　山さん寿司
　　　　東出珈啡店
11:00 金澤21世紀美術館

午
13:00 兼六園
15:00 東茶屋街
　　　　志摩
　　　　箔座ひかり藏

晚
17:00 金沢駅

金澤　北鐵金澤

東茶屋街

近江町市場

21世紀美術館　兼六園

景點很多，要一天看完可得留意時間。

宜古宜今的華麗城市
老舖美學悠然散步

城下町金澤周遊巴士繞行金澤所有名景，買張一日券¥600，就搭巴士玩金澤市中心吧！

Start！

09:00 金沢駅 JR線

¥200

搭巴士 5分　至東口7號乘車處搭乘城下町周遊巴士左回線

 武蔵ヶ辻・近江町市場 城下町周遊巴士

09:05

過馬路即達　步行 3分

近江町市場

號稱「金沢お台所」，也就是金澤市的廚房，在近江町市場不但可以看到一般的生活常態，在通道出口的幾家餐廳裡，還可以優惠的價格吃到有地方特色的海鮮料理。

09:10

近江町市場市姫神社口　步行 1分

 Map Web

時間 市場約9:00~17:00。餐飲店約9:00~22:00　休日 大多週三休

山さん寿司

早餐要吃海鮮丼就要來這裡！能登半島產的越光米，再豪氣地放上當季的18種海鮮配料，淋上能登醬油，撒上金箔，就是最足以代表金澤味的一品。

Map Web

時間 9:00~賣完為止　價格 海鮮丼¥3,600

09:30

步行 3分　穿過近江町市場至Parking 1出口左轉即達

東出珈琲店

10:30

位在巷弄轉角的東出珈琲店，店內彩窗、綠色絨布椅都有著昭和的典雅。老闆繼承了老舖對烘焙咖啡的堅持，每一杯咖啡都是點單之後才開始磨豆，保證新鮮。

Map Web

時間 8:00~18:00　休日 週日及例假日　價格 咖啡¥460起

¥200

搭乘城下町周遊巴士左迴線
至「広坂・21世紀美術館」下

搭巴士
15分

金澤21世紀美術館

Map
Web

11:00

美術館外型呈白色扁圓形、被透明玻璃圍繞，與市街融為一體。明亮的採光透過「光庭」流動在各個角落，讓每個進入美術館的人能心情愉悦且輕鬆地與藝術產生共鳴。

時間 免費進入的公共區域9:00~22:00，展覽區10:00~18:00(週五及週六~20:00)

休日 週一(遇假日順延)，年末年始 價格 免費進入的公共區域免門票，特別展覽區依展示而異

> 美術館內的游泳池必看！

> 外圍草坪上有許多銀色的小耳朵，對著它講話，聲音就會從別處傳出來！

走回下車處，
在斜對面即是

步行
5分

兼六園

13:00

Map
Web

金澤的「兼六園」與水戶「偕樂園」、岡山「後樂園」並稱日本三大名園。這座作為金澤城外庭的江戶庭園，隨著歷代城主的整建，特別是第13代藩主齊泰挖掘霞ヶ池，讓兼六園形體格局開闊宏大。

時間 3/1~10/15為7:00~18:00；10/16~2月為8:00~17:00，時雨亭9:00~16:30 價格 入園¥320

> 兼六園的主要茶室「時雨亭」可品嚐和菓子與抹茶。

> 霞池上的徽軫燈籠兩支腳狀似支撐琴絃的琴柱。

搭乘城下町周遊巴士左迴線
至「橋場町站」下

¥200

搭巴士
5分

東茶屋街

15:00

淺野川右岸的東茶屋街，
是古時候有名的享樂花街，而
這一帶建築最大的特色，是兩層
樓木造樓房外有整排的紅褐色細格子窗櫺，將整
條街襯托得古色古香，現在許多藝品小店與咖啡
廳進駐，也為這裡帶來新的風情。

時間 自由參觀

在東茶屋街上

步行
5分

志摩

15:30

東茶屋街歷史最悠久的茶屋
「志摩」，與淺野川茶屋街同
年設立，為國指定重要文化財，
是十分貴重的文化遺產。若想要更
悠閒的享受氣氛，不妨在一樓的寒
村庵品嚐抹茶與和菓子點心。

時間 9:30~17:00　**價格** 入館¥500

館內展示藝妓在宴會
上使用的三味線及
鼓，可試玩體驗。

步行
1分

在東茶屋街上

箔座 ひかり藏

16:30

ひかり藏2樓有處金箔體驗
教室，可以了解金箔工藝製程。
1樓店內可選購金箔工藝品，還有
蛋糕、化妝品、首飾等，最特別的
就是完全以金箔貼成的倉庫。

時間 9:30~18:00(冬季~17:30)

休日 店舖無休，金箔體驗教室
週二、三休息

搭乘城下町周遊巴士左迴線
至「金沢駅東口」下

¥200

搭巴士
15分

17:00

金沢駅
JR線

Goal !

福井廣域一泊二日基本行程

恐龍　永平寺　三國湊　芦原溫泉　東尋坊

福井縣地形狹長，除了市內景點之外，向北就是芦原溫泉、向東有永平寺、福井縣恐龍博物館、向西則是東尋坊、三國湊等，要玩完這裡，最好是待在這裡玩個兩天一夜，時間比較充裕。若是只有一天，那就選擇其中一天即可。

DAY1

早
10:00 福井駅
10:35 永平寺

午
13:37 恐龍博物館

晚
18:20 芦原溫泉

DAY2

早
10:23 東尋坊
12:33 三國湊

午
12:40 三國湊座／午餐
舊岸名家
舊森田銀行本店

晚
17:31 福井駅

芦原溫泉
東尋坊
三国港
三国湊
三国
あわら
湯のまち
芦原溫泉
永平寺口
永平寺
福井恐龍博物館
勝山
福井
越前鐵道勝山線
越前鐵道三国芦原線
JR北陸本線

文化絕景溫泉 人文小鎮散步趣

2天1夜輕裝上陣～

Point!

福井看似交通不便，其實京福巴士運行範圍包括各大景點，再搭配越前電車便十分順暢。

Start! DAY1

10:00
福井駅
JR線

¥750

至福井駅東口前巴士站
搭乘10:00發車的永平寺直通巴士

搭巴士 28分

10:28
永平寺
京福巴士

下車即達入口

步行 5分

10:35

永平寺

永平寺建於1244年，由道元禪師創始，是培養僧才最大的參禪道場。境內山門以唐風形式運用欅木建造，為寺院境內最古老的建築。來這裡除了觀光外，也可以參與寫經、座禪活動，淨化心靈。

Map

Web

時間 8:30~16:30 價格 ¥500

¥430

搭巴士 19分

搭乘12:11開往永平寺口駅的88號公車

12:30
永平寺口駅
越前鐵道

¥580

搭電車 29分

搭乘12:50開往勝山的普通車

13:19
勝山駅
越前鐵道

¥300

搭巴士 15分

搭乘13:23發車的ぐるりん
至「恐龍博物館」站下車即達

福井縣立恐龍博物館

Map

Web

13:37

福井縣立恐龍博物館是日本最大的恐龍博物館,起源於在勝山市挖到的草食性及肉食性恐龍化石而興起一股恐龍熱潮,2000年成立恐龍博物館,精采的展示包括來自世界各大洲發現的恐龍骨骼模型,其中亞洲恐龍佔多數。

時間 9:00~17:00(最後入館16:30) **休日** 第2、4個週三(遇假日順延),暑假期間無休,年末年始 **價格** 常設展¥730

註 因改裝工事預計休館至2023年夏天

¥300
搭巴士 **15分**

搭乘16:07發的ぐるりん至「勝山駅」下車

16:27
¥950

勝山駅
越前鐵道

搭電車 **1小時31分**

搭乘16:49發的電車,至福井口駅轉乘三国芦原線,在「あわら湯のまち」站下車

午餐就在餐廳Dino吃恐龍餐!

18:20

今晚入住旅館享受溫泉洗禮。

Goal！

Start！ **DAY2**

あわら湯のまち駅前
京福巴士

09:50
¥570

搭巴士 **30分**

2號乘車處搭9:56發車的85號公車至「東尋坊」下

10:23 **東尋坊**

Map

東尋坊天然安山岩長期受到萬丈波瀾侵蝕,垂直高於海平面1公里以上的斷崖形成柱狀節理,是世界級稀有的自然景觀。建議搭乘遊覽船,穿梭在景觀各具特色的島嶼之間,近距離地欣賞被嚴冬風雪所侵蝕的斷崖絕壁。

時間 自由參觀,遊覽船9:00~16:00(11~3月至15:30),船程約30分 **價格** 遊覽船¥1,500

東尋坊站搭12:23發車的85號公車
至「三國駅」下

搭巴士
¥280
10分

沿著119線向南至北前通即達

步行
5分

三國湊座

12:40

Map

外觀看似古樸的三國湊座，擁有一個極為現代感的挑高空間，招牌名物三國漢堡使用福井牛肉手工製作，更以福井米所烘烤的麵包夾起大量蔬菜並加入獨家創意的醬汁，成為最出名的三國美味。

時間 10:00~17:00；晚間時段18:30~22:00不定時開放，詳洽官網 **休日** 週三、四 **價格** 三國バーガー(招牌漢堡)¥640

出門右轉即達

步行
1分

舊岸名家

14:00

Map

三國湊地區最有古樸風情的住宅就屬舊岸名家。這裡是三國木材商人岸名惣助代代所居住的町家，從幕府時代末期直到明治時期，都是三國湊最重要的商業中心，也是最具代表性的建築樣式。

出門右轉即達

步行
1分

時間 9:00~17:00 **休日** 週三，年末年始 **價格** ¥100

舊森田銀行本店

15:00

Map

森田家是三國地區相當具有名氣的富豪人家，於1894年開創了森田銀行，更在1920年建造了這棟頗有洋風氣息的銀行總部，外觀設計為歐洲的古典主義式樣，內部則相當豪華。

往回走至車站

步行
10分

時間 9:00~17:00 **休日** 週一、12/29~1/3
價格 免費參觀

三国駅
越前鐵道

16:30
¥730

搭電車
50分

搭16:41往福井的普通車

福井駅
阪急京都線

17:31

Goal！

山陰山陽排行程入門指南

島根縣
鳥取縣
岡山縣
山口縣
廣島縣

山陰山陽又被稱為中國地區,為了要與中國(CHINA)做區隔,以中國山脈為界,南為山陽、北為山陰,擁有豐沛的自然資源和文化遺產,諸如倉敷美觀、嚴島神社、出雲大社、鳥取砂丘、原爆圓頂屋都是這裡的著名觀光景點,是體驗日本文化風情的好所在。

Q
我到山陰山陽觀光要留幾天才夠?

A
山陰山陽間交通耗時長,來回就要耗掉1天的時間,**至少需要5天4夜才能玩得盡興**。新手建議從交通系統完善的**山陽地區(廣島、岡山)下手**,為避免拉車奔波,一天以2個區域為限。

Q
天氣跟台灣差很多嗎?

A
春天氣溫已經開始回升,早晚溫差大,需注意保暖。**夏天陽光炙熱,攝氏30度以上的日子不少**,7月下旬至8月初甚至超過35度。需注意的是**冬天比台灣更加乾冷**,寒流來時還會降至0度左右,保暖防風的衣物不可少。

Q
什麼季節去最美?

A
3月下旬~4月中旬為山陰山陽賞櫻季,與東京、大阪相比人潮較少,可以悠閒欣賞櫻花美景。夏天是祭典最精彩的時候,煙火大會增添許多樂趣。有趣的是,**農曆10月日本神明將會齊聚島根出雲**,迎神祭典熱鬧非凡,吸引無數人朝聖。

有了基本認識後,現在就來打造最適合自己的旅遊行程吧!

從機場要搭什麼車進入市區

廣島機場→廣島各區
利木津巴士
◎路線與價格指南

目的地	交通方式	時間	價格
廣島巴士中心	廣島電鐵	55分	￥1450
廣島駅新幹線口	廣島電鐵	45分	￥1450
吳駅	廣島電鐵	約1小時	￥1450
三原駅	中國巴士	約40分	￥840
竹原港	安全計程車	約30分	￥1500

廣島~米子線

廣島~松江線

廣島~出雲市

廣島駅→山陰各區
◎路線與價格指南

出發地	目的地	交通方式	時間	價格
廣島駅	米子駅	搭乘新幹線至岡山駅，轉搭特急列車八雲號	約3小時	￥8800(自由席)
廣島駅	米子駅	廣島駅新幹線口搭乘高速巴士廣島~米子線	約3小時38分	￥4000
廣島駅	松江駅	搭乘新幹線至岡山駅，轉搭特急列車八雲號	約3小時25分	￥9130(自由席)
廣島駅	松江駅	廣島駅新幹線口搭乘高速巴士廣島~松江線	約3小時12分	￥4000
廣島駅	出雲市駅	搭乘新幹線至岡山駅，轉搭特急列車八雲號	約3小時51分	￥9790(自由席)
廣島駅	出雲市駅	廣島駅新幹線口搭乘高速巴士	約3小時20分	￥4200

岡山機場→岡山各區

機場巴士

◎路線與價格指南

目的地	交通方式	時間	價格
岡山駅西口	中鐵巴士・岡電巴士	約30分	¥780
倉敷駅北口	中鐵巴士・下電巴士	約35分	¥1150

岡山→山陰各區

◎路線與價格指南

出發地	目的地	交通方式	時間	價格
岡山駅	米子駅	搭乘特急列車八雲號	約2小時15分	¥4840(自由席)
岡山駅	松江駅		約2小時40分	¥5610(自由席)
岡山駅	出雲市駅		約3小時5分	¥6160(自由席)

Tips 若覺得廣島機場、岡山機場的直飛班次選擇較少，也可從福岡機場或關西機場進出！

 鳥取機場交通
 米子機場交通
 出雲機場交通

山陰山陽其他機場→市區

◎路線與價格指南

出發地	目的地	交通方式	時間	價格
鳥取機場	鳥取駅	機場連絡巴士	約20分	¥470
米子機場	米子駅	JR鐵路	約30分	¥240
	境港駅	JR鐵路	約15分	¥190
	米子駅	日ノ丸自動車	約25分	¥600
	松江駅	松江一畑交通・日ノ丸ハイヤー	約45分	¥1000
	境港	はまるーぷバス(境港市民バス)	約25分	¥100
	鳥取駅	JR鐵路	約2小時30分	¥1980
出雲機場	出雲市駅	出雲一畑交通	約30分	¥720
	松江駅 松江しんじ湖温泉	松江一畑交通	至JR松江駅約35分 至松江しんじ湖温泉約45分	至JR松江駅¥1050 至松江しんじ湖温泉¥1150
	出雲大社	出雲一畑交通	約40分	¥900
	玉造温泉	出雲一畑交通	約30分	¥790

懶人看這裡就對了！

	機場巴士	一般鐵路	特急列車	計程車
行李又多又重	○	△	△	○
只要便宜就好	△	○	△	×
只要輕鬆就好	○	×	○	○
沒時間，要快點	△	×	○	△

○=適合 △=還可以 ×=不適合

山陰山陽的東西南北
馬上看懂

日本海

島根縣

出雲大社
宍道湖
玉造溫泉
松江城
境港

廣島縣

廣島機場 ✈

和平紀念公園・廣島城

尾道

大久野島

宮島

岩國

山口縣

瀨戶

下關

愛媛縣

三朝溫泉

鳥取砂丘

鳥取縣

岡山縣

兵庫縣

岡山機場 ✈
岡山後樂園・
岡山城

倉敷

香川縣

內海

德島縣

四國

高知縣

我要住哪一區
最方便？

廣島：
巴士、鐵路匯集之處，又鄰近廣島機場，交通便利程度屬山陰山陽五縣之最。廣島因原爆的歷史，吸引許多海外遊客造訪，促使當地住宿設施的蓬勃發展，商店、美食也豐富多元，是遊玩山陽地區的最佳住宿地。

岡山：
擁有晴天之國美名的岡山，以特急列車與山陰地區串聯，亦是日本本州與四國間的重要往來門戶，本身也有岡山後樂園、倉敷美觀、兒島等觀光資源，適合打算遊玩山陰山陽，或搭配瀨戶內海行程的旅人。

松江：
屬於島根縣的第一大城，特急列車的重要停靠站之一，車站周邊商務飯店林立，附近也有大型超市可逛，想要遊玩出雲大社、足立美術館，松江城等島根景點的旅人可以選擇住宿這裡。

米子：
交通便利程度與松江相當，如果行程打算以鳥取為主、松江為輔，投宿米子會較方便、省時。

JR鐵路快譯通

山陽山陰地區JR鐵路隸屬於JR西日本，做行程規劃前不妨先參照鐵道路線圖，安排出較為合適的旅遊路線吧！

JR西日本路線圖

市區交通
放大看清楚！

廣島電鐵

廣島擁有全日本規模最大的路面電車網，共有9條路線，基本採取後面上車，前面投錢下車的方式，市內均一價成人￥220，小孩￥110，其他則依區間而異。有趣的是，除了廣島自己生產的舊型及新型電車，也可看到來自大阪和京都的老電車，精神奕奕地穿梭在大街小道的特殊畫面。

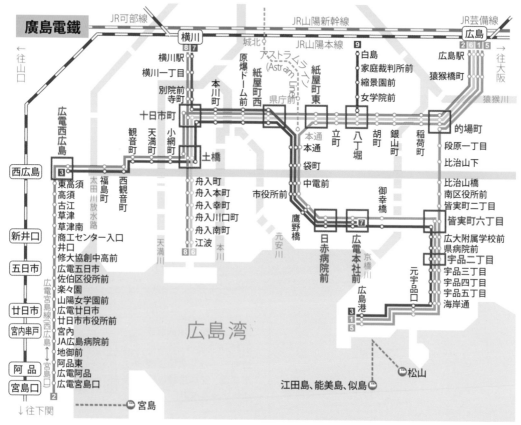

岡山市電

岡山市內交通以路面電車與巴士為主，暱稱為「岡電」的路面電車有兩條路線，分別為行駛於岡山站前~城下~東山之間的東山線，以及行駛於岡山站前~西川綠道公園~清輝橋間的清輝橋線。值得一提的是，不定時運行的「KURO」和「たま電車」，出自教父級設計師水戶岡銳治之手。

岡山電軌

岡山駅前 ─ 西川綠道公園 ─ 柳川
郵便局前
田町
新西大寺町筋
大雲寺前
東中央町
清輝橋

岡山電軌 東山線
城下 ─ 県庁通り
西大寺町 ─ 小橋 ─ 中納言 ─ 門田屋敷 ─ 東山

旭川

120円区間

140円区間

一畑電鐵

連接島根縣兩大城市出雲與松江的鐵道一畑電車，從JR山陰本線的出雲市站可以轉乘一畑電鐵「電鐵出雲市站」出發的列車，從這裡可以直達位在松江的宍道湖溫泉站，但若是要到出雲大社的話，則要至川跡站換車。

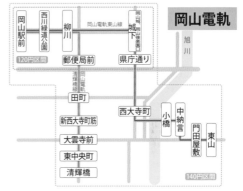

一畑電鐵路線圖

■ 特急
■ 急行
■ SUPER LINER
■ 普通

出雲大社前
浜山公園北口
遙堪
高浜
川跡

電鉄出雲市
出雲科学館パ ークタウン前
大津町
武志
川跡
大寺
美談
旅伏
雲州平田
布崎
湖遊館新駅
園
一畑口
伊野灘
津ノ森
高ノ宮
松江フォーゲルパーク
秋鹿町
長江
朝日ヶ丘
松江イングリッシュガーデン前
松江しんじ湖溫泉

有什麼**優惠車票**適合我？

	山陽&山陰地區鐵路周遊券 Sanyo-San'In Area Pass	山陰&岡山地區鐵路周遊券 JR-WEST RAIL PASS (San' in& Okayama Area Pass)
使用區間	山陽新幹線(新大阪~博多) JR在來線：東至敦賀、南至和歌山、高松、宇多津、西至博多、北至境港 智頭急行線(上郡~智頭)、西日本JR巴士、中國JR巴士、JR西日本宮島渡輪(宮島口~宮島)	JR在來線：西至萩、南至岡山、上郡、北至境港、東至濱坂 智頭急行線(上郡~智頭) 松江Lake Line循環巴士、鳥取麒麟獅子巴士
價格	海外購買￥20000 日本購買￥22000	海外購買￥4580 日本購買￥5600
有效時間	連續7日	連續4日
使用需知	・免費劃位新幹線、特急列車指定席 ・無法搭乘九州新幹線、東海道新幹線 ・四國境內只能在宇多津、坂出、高松等有效範圍內上下車 ・另有山陽山陰&北九州擴大版	・僅能搭乘自由席，否則需另購買特急/指定席券 ・無法搭乘山陽新幹線
售票處	京都、新大阪、大阪、三之宮、關西機場、奈良、和歌山、岡山、境港、米子、鳥取、松江、廣島、新山口、下關、小倉、博多各站的JR窗口	關西機場、新大阪、大阪、米子、松江、境港、岡山、鳥取等各站的JR窗口
官網		
購買身分	非日本籍旅客，購買需出示護照。	非日本籍旅客，購買需出示護照。

廣島&山口地區鐵路周遊券 Hiroshima-Yamaguchi Area Pass	岡山&廣島&山口地區鐵路周遊券 Okayama-Hiroshima-Yamaguchi Area Pass	結緣完美車票 "En-Musubi" Perfect Ticket
山陽新幹線(三原~博多) JR在來線：東至三次、尾道、西至下關、北至益田 JR西日本宮島渡輪(宮島~宮島口)、中國JR巴士	山陽新幹線(岡山~博多) JR在來線：東至津山、南至高松、宇多津、西至下關、北至仙崎 JR西日本宮島渡輪(宮島~宮島口)、中國JR巴士	一畑電車、松江・出雲市內公共巴士、出雲・米子機場區間巴士的所有路線
海外購買￥13000 日本購買￥14000	海外購買￥15000 日本購買￥16000	￥4000
連續5日	連續5日	連續3日
・能搭乘新幹線、特急列車指定席6次 ・不可搭乘山陽新幹線(三原~新大阪)、九州新幹線 ・JR在來線(博多~下關)屬於JR九州之範圍，不可搭乘	・能搭乘新幹線、特急列車指定席6次 ・不可搭乘山陽新幹線(岡山~新大阪)、九州新幹線 ・四國境內只能在宇多津、坂出、高松等有效範圍內上下車 ・JR在來線(博多~下關)屬於JR九州之範圍，不可搭乘	・不可搭乘JR路線 ・沿線約30個觀光設施等優惠
博多、小倉、新大阪、大阪、關西機場、廣島、下關、新下關等各站的JR窗口	博多、小倉、岡山、廣島、下關、新山口、新大阪、大阪、關西機場等各站的JR窗口	一畑電車主要車站、出雲機場等處

非日本籍旅客，購買需出示護照。	非日本籍旅客，購買需出示護照。	無限制

晴天之國的城下町
小旅行

岡山城　後樂園　倉敷　桃子　老街　運河

岡山是桃太郎的故鄉，亦是日本三大名園之一後樂園所在之處，寺社史蹟飄蕩往昔古風，獨特的風俗與建築美學引人細心吟味。而古鎮倉敷楊柳依依運河畔、白牆青瓦巷弄間，近年聚集不少文創小店，一定別錯過。

| 早 | **08:30** 岡山駅
09:00 岡山城
10:30 後樂園 |

| 午 | **13:00 倉敷美觀**
八間藏／午餐
大原美術館
倉敷川遊船
桃太郎機關博物館
倉敷桃子
倉敷意匠 |

| 晚 | **18:51** 岡山駅 |

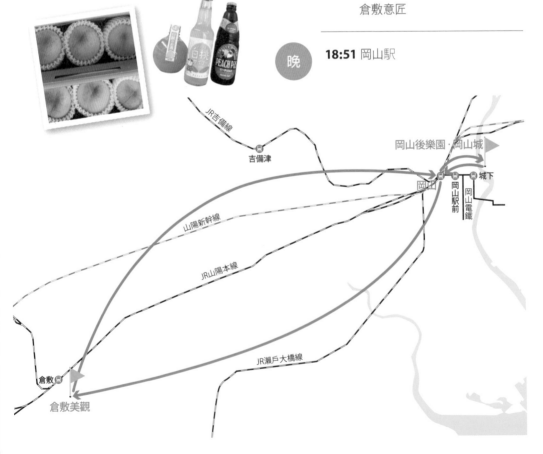

JR吉備線
吉備津
岡山後樂園・岡山城
岡山
岡山駅前
城下
岡山電鐵
山陽新幹線
JR山陽本線
JR瀨戶大橋線
倉敷
倉敷美觀

名園名城 至小京都尋找人氣小店

別忘了吃水果作的甜點

Tips 雖然景點範圍不大,但要走不少路。還好沿路咖啡廳小店很多,累了不怕沒地方休息。

Start!

08:30 🚃 岡山駅 JR線

復古造型的路面電車

¥120
搭電車 **5**分

至車站前搭乘岡山市電,至「城下」步行8分

車站前有桃太郎!

崗山

09:00 ### 岡山城

建設在數個連續小山丘上的岡山城又被稱為「烏城」,厚重結實的的黑色牆壁是最顯眼的特徵。天守閣內部空間則整頓成小型博物館,展示著與歷代城主相關的史料與物品。

時間 9:00~17:30　休日 12/29~31
價格 ¥400

步行 **10**分

出城沿指標走即達

崗山

10:30 ### 後樂園

後樂園佔地約有4萬坪的面積,腹地四周被水道所環繞,屬於池泉回游式,因位於岡山城後,被稱為「御後園」,是當時城主靜養、接待賓客的場所,過去城主可乘船沿著旭川抵達。為了傳達「先憂後樂」的哲學,在1871年改為「後樂園」。

時間 3/20~9/30:7:30~18:00,10/1 ~3/19:8:00~17:00　價格 ¥410

回「城下」站搭岡山市電回岡山駛前

¥120

搭電車 **5分**

12:00
岡山駛 JR線

¥330

搭12:08發的山陽本線

搭電車 **16分**

12:24
倉敷駛 JR線

南口出站後沿中央通至美觀地區入口右轉

步行 **15分**

 倉敷

13:00

八間蔵

八間蔵是改建於重要文化財「大橋家住宅」米倉的法式餐廳。食材取自岡山地產農漁產品，每月會依當季的食材變換菜單。室內擺上歐式大圓桌，挑高的空間配上燈光設計，讓人彷彿置身中古世紀歐洲的城堡中。

 Map
 Web

時間 11:30～14:30(L.O.13:30)、17:30～21:30(L.O.20:30) **價格** 蔵ランチ(午間套餐)¥2200起

倉敷

大原美術館

活躍於日本明治時代商業界的企業家大原孫三郎出身於倉敷，由於熱愛藝術，也為了紀念畫家友人兒島虎次郎，在1930年創立了大原美術館，這也是日本第一個以西洋美術為主的私人美術館。

步行 **3分** 美觀地區入口處即達

14:20

步行 **1分** 沿運河走，在考古館旁

時間 9:00～17:00(依季節而異) **休日** 週一 **價格** 本館、分館、工藝東洋館共通券¥2000

 Map
Web

15:30 倉敷 Map

倉敷川遊船

到倉敷，最佳的遊覽方式便是遊船，坐上輕舟沿運河一遊，欸乃一聲山水綠、楊柳影綽恍惚間，船夫指著岸邊這家那家的房舍說建築、說傳奇，也說這條河與沿河生活的人們，口語言傳人間情感。

時間 9:30～17:00，每30分鐘一班
休日 3～11月第2個週一(遇假日照常營業)、12～2月只於週末例假日營業、年末年始
價格 ¥500。乘船券洽倉敷館觀光案内所購買

沿運河走至白壁通左轉

步行 5分

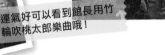

16:10

倉敷

桃太郎機關博物館

桃太郎博物館便是以桃太郎故事為基礎，放置許多相關介紹及設計許多有趣的互動小機關，顛覆我們的日常感官。

時間 10:00~17:00
價格 ￥600

運氣好可以看到館長用竹輪吹桃太郎樂曲哦！

走回倉敷川遊船的乘船處即達

步行 3分

17:00

倉敷

倉敷桃子 倉敷本店

改建自150年歷史的白壁古民家，倉敷桃子正如其名是桃子的專賣店，從桃子果凍、聖代、冰淇淋到桃子酒皆有，聖代在一年中會隨當季水果推出限定口味，像是5~7月的芒果、7~9月的桃子、7~12月的葡萄、9~11月的無花果等。

時間 10:00~17:00
價格 桃子聖代(桃パフェ)￥1815

往回走至龜遊亭右轉即達

步行 3分

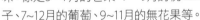

17:30

倉敷

倉敷意匠

位在林源十郎商店內的倉敷意匠以倉敷地區傳統手工藝為美學基礎，網羅50餘位設計師、30餘位職人與工房的雜貨，只要是雜貨迷都會止不住怦然心動。

時間 10:00~17:00（假日~18:00）　休日 週一

回到倉敷駅南口

步行 15分

倉敷駅 JR線

18:30

¥330

搭電車 **20分**

岡山駅 JR線

18:51

Goal !

廣島宮島滿喫
一日行

🏷 海中鳥居　原爆　牡蠣　小鹿　路面電車　廣島燒

廣島市是世界第一個原子彈爆炸的地方,被夷為平地的廣島市在70年後擺脫了原爆的陰霾,重新規劃後的都市充滿綠意,受到原爆炸裂而保存的建築,被指定為世界遺產。鄰近的嚴島神社亦為世界文化遺產,可以串聯造訪。

早
08:00 広島駅
08:50 宮島
　　　嚴島神社
　　　豐國神社
　　　紅葉堂 本店
　　　牡蠣屋

午
あなごめし うえの／午餐
14:00 廣島城
15:30 和平紀念公園

晚
駅前ひろば／晚餐
19:00 広島駅

日本三景神之島 自然絕景中的海上神社

使用JR PASS可免費搭JR渡輪

Tips 廣島是中國四國最大級城市，想要品嚐美食、享受購物，來這裡絕對可以被無限滿足。

Start！

08:00 広島駅 JR線

¥420

搭電車 **28分** 搭乘8:06發車的山陽本線

08:34 宮島口 JR線

步行 **5分** 下車即達入口

08:50 宮島口 JR Ferry

¥180

搭船 **10分** 約每小時4班船，下船往前走即達入口

面對渡船口，右手邊是JR Ferry，左手邊是松大汽船。

09:20

嚴島神社

宮島自古以來便被視為「神明居住的島嶼」。列為世界文化遺產的嚴島神社是在1168年由平清盛改建而成，整座神社的基座是由干欄棧橋搭建而成，漲潮時便宛如一座漂浮海上的神話宮殿。

Map

Web

時間 6:30~18:00(依季節不同會有變動)

價格 ¥300

立於淺灘上的大鳥居由於潮汐變化影響，漲潮時在海水中，退潮時露出完整的底座。

步行 **2分** 嚴島神社入口處對面

10:30

豐國神社／千疊閣

1587年，豐臣秀吉為了要在出兵朝鮮前，在宮島誓師誦經，便下令在嚴島神社旁建造千疊閣，沒想到建築尚未完工，秀吉先一步辭世，於是未完成的千疊閣就從秀吉過世的1598年擱置至今。

Map

時間 8:30~16:30

五重塔近28公尺的高度，傲視整個宮島。

往回走，至表參道商店街

步行 1分

11:00

紅葉堂 本店

Map

紅葉堂原創的炸紅葉饅頭現在已經成為宮島的名物。裹上麵衣現點現炸的紅葉饅頭外頭香酥裡頭綿密，受熱而微微融化的內餡格外香甜，特殊的口感熱熱地吃相當過癮。

Web

時間 9:00~18:00(依季節而異)

休日 不定休

價格 揚げもみじ(炸紅葉饅頭)¥200

表參道商店街內

步行 1分

11:20

牡蠣屋

Map

牡蠣屋正是宮島上最知名的牡蠣店，菜單上清一色都是牡蠣變化出的各式料理，無論是炭烤的、生吃的、油炸的或是以油醃漬的，都能嚐到牡蠣的鹹香海味！

Web

沿表參道商店街回到碼頭

步行 5分

宮島 JR Ferry

11:50

¥180

時間 10:00~售完為止　**休日**

不定休　**價格** 焼

きがき(烤牡蠣)1個 ¥330

搭船 **10分**

搭11:55的船班回到宮島口

12:05

宮島口 JR Ferry

下船往前走左手即是

步行 1分

12:10

あなごめし うえの

Map

廣島縣內最有名的星鰻飯，從創始者揹著扁擔販賣星鰻便當開始，已有近120年的歷史。塗上獨門醬汁反覆燒烤的星鰻，加上以星鰻魚骨高湯炊煮的白飯，鹹中帶甜的鮮美滋味令人難忘。

Web

時間 10:00~19:00

價格 あなごめし小(小份星鰻飯)¥2160

過馬路即是車站

步行 2分

宮島口 JR線

13:00

¥330

搭乘13:04發的山陽本線

搭電車 24分

新白島 JR線

13:28

南口出站後一直向南行至城北通左轉即達

步行 15分

14:00

廣島城

原爆當天，擁有三百餘年歷史的廣島城內建築無一倖免。現在看到的5層天守閣於1958年修復，以鋼筋水泥遵照著歷史仿建，天守閣內部主要以武家文化為中心，展示各種歷史資料。

時間 9:00~18:00（12月~2月 9:00~17:00）　**休日** 12/29~31

價格 天守閣¥370

Map　Web

從廣島城公園南口往紙屋町方向走

步行 15分

和平紀念公園

1945年8月6日上午8點15分，人類史上的第一顆原子彈，在廣島市中心被投下，和平紀念公園的位置，距離爆心地大約500公尺，現在規劃成紀念公園，還特別設計了一座大型的噴水池、紀念碑以慰亡靈。

時間 自由參觀

Map　Web

15:30

從廣島城公園南口往紙屋町方向走

步行 15分

15:30

一定要嚐嚐美味的廣島燒

¥220

從紙屋町搭開往広島駅的巴士，再步行1分

搭巴士 8分

駅前ひろば

廣島燒屋台村「駅前ひろば」位在6樓，以昭和40年代為主題，別具復古情懷。目前有15間店，其中最具口碑的電光石火，也曾刊登在米其林指南中，美味值得信賴。

時間 10:00~23:00

Map　Web

17:30

至広島駅南口

步行 3分

原爆圓頂時時刻刻提醒著原爆威力的可怕。

広島駅 JR線

19:00

Goal！

尋兔看貓尾道
一日輕旅行

大久野島　貓之細道　海景
千光寺　尾道拉麵　咖啡廳

面對著瀨戶內海的尾道，是一個充滿濃郁港邊風情的小鎮，從廣島前來時，先走吳線來到忠海，前往大久野島尋找兔踪，中午再到尾道漫步於細窄的坡道上，可眺望海灣、造訪古老民家改建成的咖啡館或藝廊。

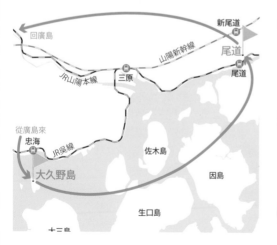

| 早 | **07:30** 広島駅 |
| | **10:00** 大久野島 |

午	**13:05** 尾道
	喰海／午餐
	貓之細道
	千光寺
	尾道浪漫珈琲
	工房尾道帆布
	北前亭

| 晚 | **19:14** 広島駅 |

記得帶乾洗手或紙巾，摸完兔子貓咪要擦手！

坂道風景中 船隻小島點綴的湛藍大海

Tips
尾道小小的，但可以逛的景點十分多，喜歡散步的人可以直接整天都待在尾道。

Start!

07:30 　広島駅 JR線

¥2510　搭電車 1小時

搭乘7:42發車的新幹線至「三原」駅，轉乘8:25發的普通車

08:48　忠海駅 JR線

步行 5分

出站即達忠海港

09:00　忠海港 大三島渡輪

¥360　搭船 12分

搭乘9:40的大三島渡輪

10:00

¥310　搭船 12分

搭乘11:40發的大三島渡輪

11:55　忠海駅 JR線

¥510　搭電車 39分

搭乘12:26普通車往「三原」，轉至「糸崎」駅，換乘12:58發的普通車。

13:05　尾道駅 JR線

大久野島

Map

曾被稱為「從地圖上消失的島」、「毒氣島」的大久野島，在二戰期間是化學武器的開發地，研究設施內野飼養了多隻實驗用兔子，戰爭結束後，人員撤離，工廠拆毀，兔子也遭到撲殺。數十年後，從外地在此放養的8隻兔子，迅速繁殖成長，成為現在約300隻的龐大數量，惹人憐愛的可愛兔子每年吸引近10萬人次前來，躍升為熱門的觀光勝地，現在則有「兔島」的別稱。

時間 配合船班自由參觀

南口出站沿海岸通直行

步行
10分

尾道

喰海

13:40

Map

Web

喰海可算是尾道拉麵的佼佼者之一。以雞骨、豬骨蔬菜加上魚類等食材所熬製的高湯，加以6種醬油融合成鮮美湯頭，配上特製麵條讓人一吃就上癮。

時間 10:00~21:00　**休日** 週三
價格 尾道拉麵¥700

沿國道2號線直行，
在千光寺山纜車「山麓」站旁

步行
15分

尾道

猫の細道

14:30

古剎、文學遺址沿坡道林立，順著貓之細道漫步，會經過一些古老房舍改建的小商店、咖啡屋，不但有野貓出沒，更有畫家園山春二特地為這條小路所手繪的福石貓，藏在屋簷上。

Map

時間 自由參觀

步行
5分
順著貓の細道向上爬即達

尾道

千光寺

15:00

Map

Web

千光寺境內廳堂分踞千光寺山的山頭各處，百年老樹、2層樓高的巨石怪岩與廟宇自然融合，顯得十分肅穆莊嚴。本堂旁龍宮造型的鐘樓「驚音樓」，每年除夕會以108下鐘聲帶領市民迎接新年。

時間 9:00~17:00
價格 纜車單程¥500、來回¥700

沿貓之細道回尾道本通商店街

步行 5分

16:00

尾道

尾道浪漫珈琲

Map

Web

紅磚外牆內，現代與懷舊交融的空間風格洋溢著大正浪漫的氣息，招牌的自家焙煎咖啡選用巴西契約農園的高品質咖啡豆。亦提供鬆餅、三明治、披薩等輕食。

時間 8:30~18:00 **休日** 1/1

價格 綜合咖啡￥497

尾道本通商店街上

步行 3分

尾道

工房尾道帆布

Map

Web

尾道從昭和時期就有以傳統技法製作的帆布工廠，不過運用尾道帆布的商品則是近年來才開始吹起一股熱潮的特產。這裡除了一般的手提袋、皮包之外，也發展出帽子、錢包等商品。

時間 10:00~18:00

16:40

以虹吸式咖啡壺烹煮

步行 3分 尾道本通商店街

17:00

尾道

北前亭

福利物產創立自1786年，兩百多年來專門經營調味小魚(ちりめん)及佃煮的買賣，在2008年選在其發祥地開設了這間北前亭。這裡專賣各式調味小魚產品，每個口味都經職人反覆調整後才推出，所有口味都可以先試吃後購買，人氣前三名分別是廣島菜、鯛味以及梅子，鹹鹹的滋味相當下飯。除了小魚，還有販售美味的佃煮、乾物、酒類等產品，可以帶一包回家慢慢品嚐。

Map

Web

沿尾道本通商店街向車站方向走

步行 8分

尾道駅
JR線

17:40

￥1520

搭電車 1小時20分 ￥378起

搭17:45發的山陽本線至「糸崎」駅
換乘17:54往岩國的普通列車

時間 10:00~18:00 **休日** 週三 **價格** ちりめん￥378起

広島駅
JR線

19:14

Goal！

關門海峽
一日兩岸

關門海峽　赤間神宮　河豚
海底隧道　馬關條約簽署地

下關為日本本州最西端的城市，隔著關門海峽與九州的門司港相對，藉由海底隧道，只要徒步即可到達九州。因漁獲量豐富，在下關可品嚐到河豚、鯨魚等頂級絕品美味，壯麗的海峽風光也近在眼前。

早
08:30 下関駅
09:00 **下關**
　　　唐戶市場
　　　日清講和紀念館
　　　赤間神宮
11:30 關門隧道人行道

午
12:00 **門司**
　　　門司港懷舊展望室
　　　Fruit factory Mooon
　　　門司港

晚
16:35 **下關**
　　　ふくの関／晚餐
18:40 下関駅

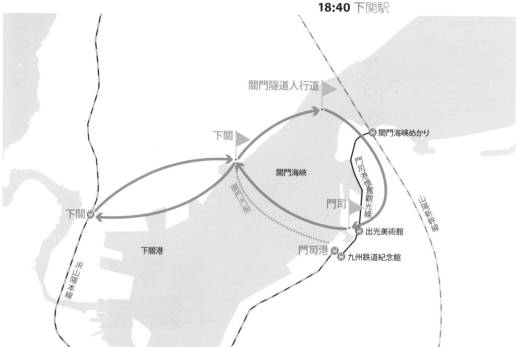

關門隧道人行道

下關

関門海峽めかり

關門海峽

門司港懷舊觀光線

門司

山陽新幹線

下關

關門汽車

出光美術館

下關港

門司港

九州鉄道紀念館

JR山陽本線

壯闊海峽景色中 大啖富饒新鮮海產

隔關門海峽就能到北九州的門司！

Tips 只玩下關太可惜，不妨走進連接下關與門司的海底隧道，用走路的就能前往門司遊逛。

車站內隨處可見河豚

每週五、週末假日「活きいき馬関街」活動，各式生魚片握壽司新鮮現做！

下関

Start !

08:30 🚃 下関駅 JR線

¥220

搭巴士 7分　下関駅前乘車處，搭乘30A、17、35、44B等至「唐戶」站下

唐戶市場

09:00

下関

唐戶市場每日直接販售由當地漁夫捕獲及養育的新鮮漁產，並設有農產直銷攤販集結各種當季食材，是深受在地人喜愛與仰賴的「下關廚房」。

步行 4分　沿國道9號走至春帆樓

時間 5:00~15:00，週日例假日8:00~15:00。
活きいき馬関街(壽司攤販)：週五、六10:00~15:00，週日、例假日8:00~15:00

 Map

日清講和紀念館

10:10

Map

下關，古又別名馬關，1895年影響台灣深遠的「馬關條約」便是在下關知名的高級料理餐廳春帆樓簽訂的。1937年，日本政府於春帆樓旁設立了日清講和紀念館，館內完整重現短短12字，定下小島往後50年的命運，實在令人百感交集。

時間 9:00~17:00　價格 免費參觀

Web

入口「水天門」是下關最具代表性的建築。

下関

沿李鴻章道走即達

步行 2分

赤間神宮

10:30

 Map

傳說800多年前，源氏與平家的決戰即是在關門海峽。平家大敗，當時第81代的安德天皇還是幼兒，被家族抱在懷中一同投海自盡。後人為了慰靈而蓋了這座像是龍宮的建築，吸引許多人來此參拜，也就成了家喻戶曉的神宮。

 Web

時間 9:00~17:00

沿國道9號向關門大橋方向走，
入口在左手邊

步行
13分

關門隧道人行道 `11:30`

關門海峽是指中國下關與九州門司間的海峽，由關門大橋連接起來。除了車道外，這裡還設置了關門人行道，全長780公尺，連接本州島與九州島，是世界上唯一一條行人專用的海底隧道。

Map

`時間` 6:00~22:00　`價格` 免費

海底隧道往門司方向走

步行
10分

¥230

在「関門トンネル人道入口」站搭74號巴士
至「レトロ鎮西橋」下

搭巴士
9分

門司

`12:00`

門司港懷舊展望室

高103公尺，是由日本知名設計師黑川紀章操刀設計，建築外觀頗具現代感，位於31樓的懷舊展望室可鳥瞰整個門司港懷舊區，也是遙望下關地區的最佳地點。

Map

Web

`時間` 10:00~22:00　`休日` 不定休(每年4次)　`價格` ¥300

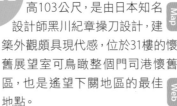

藍翼門司吊橋旁
旧門司税関裡

步行
2分

門司

Fruit factory Mooon

`13:00`

位在舊門司税關內的甜點店，坐落在港口邊的小店以白色為裝潢基底，充滿海邊的自在與悠閒氛圍，店內最吸引人的就是各式季節水果製成的豪華聖代，也有販賣果醬、果乾，或者是新鮮水果。

Map

Web

`時間` 11:00~17:00
`休日` 不定休　`價格` 水果三明治
¥490起

7種季節水果
的豪華聖代

走過藍翼門司吊橋即達

步行 3分

14:30

10:00、11:00、
13:00、14:00、
15:00、16:00各
開啟20分鐘。

必拍港邊的香蕉人！

門司

門司港

Map

Web

早在明治時代門司就被定為國際貿易港，港邊多是遺留下來的船商會社、俱樂部等各式歐式建築和船運倉庫，1995年被正式規劃為「門司港懷舊區」，有許多好逛的小店與咖啡廳。

時間 自由參觀

步行 1分 港邊即是

16:30

門司港棧橋
關門連絡船

¥400

一小時約3班次，錯過船班也不會等太久。

搭船 5分 搭乘16:30分的交通船

16:35

唐戶1號棧橋
關門連絡船

KAMON Wharf
裡複合商業設施有不少美食

步行 1分 下船往右走即達

下関

17:00 ふくの関

Map

Web

來到下關怎麼可以不嚐嚐河豚？將河豚切成不到1mm的生魚片，盛裝在手繪的有田燒盤上，視覺味覺都獲得最大的滿足感。另外有河豚的炸物定食，也很美味。

時間 11:00~16:00，17:00~20:00
價格 ふくの関定食（河豚定食）
¥2530

¥220

在「唐戶」站搭乘往下関駅的巴士

搭巴士 7分

下関駅
JR線

18:40

Goal !

松江出雲神話之境
小旅行 ✏

松江城　出雲大社　兔子傳說　溫泉　宍道湖

松江緊鄰著宍道湖，觀光以松江城為中心，城下町、美術館加上水都的遊覽船，融合出新感覺之旅。宍道湖的另一側便是出雲，出雲大社也是著名的神社，是享譽日本的結緣景點。

一畑電車北松江線

松江城

松江しんじ湖温泉

島根美術館

松江

宍道湖

出雲大社

玉造温泉

玉造温泉

JR山陰本線

出雲大社前　　川跡

一畑電車大社線

DAY1

早
08:30 松江駅
09:00 松江城
　　　堀川遊覽船

午
　　　燒肉ぎたがき／午餐
13:30 島根美術館

晚
15:50 玉造溫泉
　　　玉井別館

DAY2

早
11:00 出雲大社

午
　　　砂屋／午餐
14:18 松江
　　　八重垣神社

晚
18:40 松江駅

景致秀麗水之都 乘舟遊覽風光無限

求姻緣超靈驗！

Tips 整個行程可以與鳥取或岡山串聯成一個大旅行，若時間夠多的話千萬別錯過！

Start！ **DAY1**

千鳥破風屋簷狀似飛鳥，因此又有千鳥城之美譽。

松江駅 JR線

08:30 ¥210

7號乘車處搭乘松江Lake Line巴士至「国宝松江城大手前」站，下車步行7分

搭巴士 10分

松江城
松江

09:00

 Map

松江城是松江市的地標，採桃山初期雄大宏偉的建築樣式，城中有諸多巧妙的設計用來抵禦外敵入侵。天守閣內陳列著松江城的武器甲冑，以及城垣模型等資料，過去的歷史痕跡只能夠從器物中窺見。

 Web

時間 7:00~19:30(10~3月8:30~17:00)，天守閣8:30~18:30(10~3月至17:00) **價格** 天守閣¥680

步行 3分

走回大手前廣場即可搭乘

堀川遊覽船
松江

10:30 ¥1500

堀川為松江城的護城河，搭乘遊船巡遊堀川，即可從水面上欣賞松江古城的精華地區。沿途河面上共跨越了31座橋樑，船行過橋下時船夫會配合橋底高度壓低頂棚。沿途有三個停靠站，可以一日內自由搭乘。

搭船 60分 搭乘堀川遊覽船繞一圈後，至「カラコロ広場」下，步行4分

時間 9:00~17:00(因季節而異)，每隔20分鐘運行一班次。航程約50分鐘。 **價格** 一日乘船券¥1500

 Map Web

12:00

焼肉ぎたがき

由肉舖經營的燒肉店，最能夠品嚐到美味的燒肉。這裡提供高品質的島根和牛，烤完不沾醬就很甘甜，一樣的肉質若在東京吃肯定要花2倍以上的價格。

 Map

 Web

時間 9:00~19:00 **休日** 週日、週三及假日

宋道湖大橋直行即達

步行
14分

漁夫佇立小舟上以長長的細網捕蜆，十分詩情畫意

「松江

13:30

島根美術館

位在宋道湖畔的島根美術館，以水為主題，展示許多相關作品。因為山陰因幡白兔傳說，雕刻家籔內佐斗司在美術館旁的草坪上創作了12隻奔跑的小兔子。據說把蜆殼放在第二隻兔子的身上，摸摸它就能得到好運！

時間 10:00~18:30 **休日** 週二，年末年始 **價格** 常設展¥300，企劃展依內容而異

沿河邊走至天神橋左轉，公車站在右手邊

步行
6分

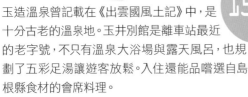

天滿宮前站
一畑巴士

15:10

¥530

搭巴士
23分

搭乘15:18發的巴士，至「溫泉下(玉造溫泉)」站下步行1分

玉井別館

15:50

玉造溫泉曾記載在《出雲國風土記》中，是十分古老的溫泉地。玉井別館是離車站最近的老字號，不只有溫泉大浴場與露天風呂，也規劃了五彩足湯讓遊客放鬆。入住還能品嚐選自島根縣食材的會席料理。

時間 Check-in 16:00~19:00、Check-out ~10:00
價格 一泊二食，兩人一室每人¥12320起

DAY2

Start!

¥180

至「溫泉下」站搭9:28開往松江しんじ湖溫泉的巴士至「玉造溫泉駅入口」站下

搭巴士
5分

玉造溫泉駅
JR山陰本線

09:33

¥1270

搭電車
22分

搭9:48發的特急やくも1号自由席

出雲市駅
JR山陰本線

10:10

搭10:21往川跡的普通車，在「川跡」駅換10:32往出雲大社前的車

10:43

出雲大社前
一畑電車

¥500

搭電車
22分

步行
6分

10:20

電鐵出雲市駅
一畑電車

按指標走即達

出站即達

步行 3分

11:00

出雲 →
出雲大社

擁有兩千多年悠久歷史的出雲大社以結緣聞名。

時間 6:00~18:00 價格 自由參拜，寶物殿￥300

步行 1分

位在出雲大社參道入口前

12:15

出雲 →
砂屋

來到這一定要品嚐三大蕎麥麵之一的出雲蕎麥麵。出雲蕎麥麵放在稱為「割子」的疊式木盒，一次三盒，有附山藥泥、炸酥、蘿蔔泥等，吃起來毫不單調。

往車站方向走即達

步行 1分

出雲大社前駅 一畑電車

13:10 ￥820

搭13:16往松江しんじ湖温泉的普通車，在「川跡」駅無須下車

搭電車 1小時

時間 11:00~15:00，週末10:30~15:30 休日 週二,第三個週一 價格 割子蕎麥三段￥1020

松江しんじ湖温泉駅 一畑電車

14:18 ￥340

車站前搭松江市營巴市在「八重垣神社」站下車即達

搭巴士 36分

松江 →
八重垣神社

15:10

深受女孩歡迎的八重垣神社可以預測婚期！將水占卜專用的籤放在鏡池中，再在籤上放一枚銅板，越快沉下去就代表婚期越近，如果久久不沉還越漂越遠，這就代表你的婚期還有得等了。

時間 9:00~17:00 價格 水占卜￥100

走出車站便是寬敞的足湯

￥250

搭巴士 24分

「松江駅」站下車即達

18:40 **松江駅** JR

Goal！

橫跨東西鳥取
一泊二日

| 大砂丘 | 柯南 | 鬼太郎 | 三朝溫泉 | 特色火車 |

鳥取兩大車站為鳥取與米子，一東一西，想要玩兩地的景點最好還是安排2天1夜最恰當。聞名世界的鳥取大砂丘，樣貌會隨著風的吹拂而改變，中途至三朝溫泉、倉吉遊玩，最後再至境港看鬼太郎。

DAY1

早
09:00 鳥取駅
09:32 鳥取砂丘
砂丘會館

午
14:00 青山剛昌故鄉館

晚
17:00 三朝溫泉
三朝館

DAY2

早
10:40 白壁土藏
赤瓦五号館 久楽

午
12:40 米子駅
鬼太郎電車
14:05 境港
螃蟹自慢／午餐
水木茂紀念館

晚
18:19 米子駅

柯南與鬼太郎是兩大重點！

海風吹拂廣大砂丘 水木茂故鄉找尋妖怪

Tips 行程可以與松江、出雲串聯成一個大旅行，若時間夠多的話千萬別錯過！

Start！ **DAY1**

可以騎乘駱駝或搭乘觀光馬車

鳥取駅 JR山陰本線
09:00 ¥380
搭巴士 **22分**

搭乘9:10發車的日ノ丸巴士砂丘線至「砂丘会館」站下

09:32 鳥取

鳥取砂丘
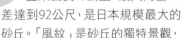
面對著日本海的鳥取大砂丘東西長16公里，最大高低差達到92公尺，是日本規模最大的砂丘。「風紋」是砂丘的獨特景觀，在強烈風速下才會形成，夏天通常在清晨出現，「砂簾」、「砂柱」則是難得一見的美景。

價格 自由參觀

步行 **1分**
公車站旁即達

鳥取

砂丘會館

砂丘站牌旁砂丘會館是砂丘的觀光中心，附設餐廳可品嚐到鳥取的特色美味。這裡也販賣各種特產，20世紀梨霜淇淋有著濃濃的果香，將砂丘的沙子加熱後燜熟出的砂丘蛋滋味鮮美。

時間 9:00~17:00

10:30
¥380
搭巴士 **22分**
搭乘11:20發的鳥取砂丘線回鳥取駅

11:42 鳥取駅 JR山陰本線

¥860
搭電車 **1小時27分**
搭12:15發往倉吉的山陰本線普通車，在「倉吉」站轉搭發往米子的山陰本線，至「由良」站下車

在車站買個火車便當，坐火車時享用！

13:42 由良駅 JR山陰本線

由良車站別稱為「柯南站」

出站後經柯南大橋直行即達

步行 16分

14:00

沿路給你滿滿的名偵探柯南！

青山剛昌故鄉館

《名偵探柯南》作者青山剛昌的故鄉在鳥取北榮町，在這裡也成立了青山剛昌故鄉館，從柯南大道、兩旁的漫畫角色人物塑像、門口停放著阿笠博士的黃色金龜車、到館內的柯南、新一、小蘭等雕像，都十分能讓漫畫迷引起共鳴。

Map
Web

沿原路走回車站

步行 16分

16:00 ¥200

由良駅 JR山陰本線

搭16:09發往鳥取的山陰本線普通車

搭電車 11分

時間 9:30~17:00
價格 ¥700

倉吉駅 JR山陰本線

16:20 ¥480

搭乘16:35發的日ノ丸巴士上井三朝線至「溫泉入口」下

搭巴士 24分

三朝館

標榜「百分百自家天然溫泉」的三朝館，溫泉源泉溫度約60℃，其中面積達1000坪的日本庭園風呂為最大的賣點，包括了12處可欣賞不同景觀的溫泉，風格高雅。

17:00

Map
Web

時間 Check-in 15:00~、Check-out ~10:00
價格 一泊二食，兩人一室每人約¥19050

DAY2

Start!

早晨散步在倉吉白壁土藏群

三朝館

10:00 ¥490

搭10:18的日ノ丸巴士三朝線溫泉入口至「赤瓦白壁土藏」站下

搭巴士 22分

黑咖啡不加糖，而是加入自製蜜紅豆。

赤瓦五号館 久楽

久樂由古民家改建，二樓的咖啡館利用石臼研磨咖啡，自己用手推動石臼，不疾不徐地把咖啡豆磨成香氣四溢的細粉，接下來再交給店家沖煮。

10:40

Map
Web

時間 10:00~17:00

赤瓦白壁土藏站搭任何一班開往
車站的日ノ丸巴士，約10分有一班車

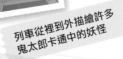

¥230
搭巴士
12分

12:00 　🚌 **倉吉駅** JR山陰本線

¥2920
搭電車
31分　　搭12:09發的特急スーパーまつかぜ指定席

🚌 **米子駅** JR境線
12:40

列車從裡到外描繪許多
鬼太郎卡通中的妖怪

搭13:31發車的
鬼太郎列車

¥330
搭電車
45分

14:16　🚌 **境港駅** JR境線

路上有大大小小的
角色雕像、看板！

步行
10分　　沿水木茂之路走即達

境港 →

14:30　　**螃蟹自慢**

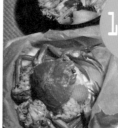

螃蟹自慢的螃蟹是由自家
漁夫出海捕撈，以確保新鮮美
味。在這除了能享用各式螃蟹料理外，
還能吃到特別的螃蟹冰淇淋喔！

時間 11:00～15:00，晚餐需預約

休日 週二

Map
Web

往車站方向走即達

步行
1分

15:30　　**水木茂紀念館**

境港 →

鬼太郎之父水木茂
誕生在境港，當地政
府及水木茂從1989年
開始規劃將筆下角
色融入小鎮中，並在2003
年成立紀念館。館內除
了陳列了水木茂的漫畫創作之
外，更以妖怪為主題設置了不
同房間，連庭院都是妖怪
的地盤。

沿水木茂之路往回走即達

步行
10分

🚌 **境港駅** JR境線
17:00

¥330
搭電車
49分　　搭17:30往米子的普通列車

🚌 **米子駅** JR
18:19

時間 9:30～17:00　**價格** ¥700

Map
Web

Goal !

四國·瀬戶內海 排行程 入門指南

香川縣
愛媛縣
瀬戶內海小島
德島縣
高知縣

四國景色天然純淨，瀬戶內海、四萬十川、祖谷、太平洋的自然景色迷人，道後溫泉、金刀比羅宮、栗林公園的人文風情更是深沉。近年來更因瀬戶內海藝術季的盛行，吸引不少台灣人前往四國觀光。

Q
我到四國·瀬戶內海觀光要留幾天才夠？

A

四國交通不像東京、大阪等大城市那樣便利，且幅員廣大，區域間的移動要耗上許多時間，因此至少要5天4夜比較妥當。新手建議以景點集中在市區的松山、高松開始，而行程1天以不超過2個區域為限。

Q
天氣跟台灣差很多嗎？

A

四國以橫越中央的四國山脈為界，分為北四國與南四國兩種氣候，面向瀬戶內海的北四國，具有年雨量稀少、多是晴天、冬季氣候溫暖等特色。而南四國附近因有日本海流通過，故氣溫較高，夏季則受季風影響時常降雨，也容易受到颱風的影響。

Q
什麼季節去最美？

A

四國的旅遊旺季無疑是祭典和藝術季輪番登場的夏季，尤其德島阿波舞、高知YOSAKOI更是吸引百萬人次參與。不過四國的秋冬亦不遜色，秋楓搭配歷史庭園與建築，冬天則來去道後溫泉泡湯，更別有一番風味。

有了基本認識後，現在就來打造最適合自己的旅遊行程吧！

從機場要搭什麼車進入市區

高松機場→市區
◎路線與價格指南

目的地	交通方式	時間	價格
高松駅	利木津巴士	約45分	¥1000
琴平駅	琴空巴士	約50分	¥1500

松山機場→市區
◎路線與價格指南

目的地	交通方式	時間	價格
松山駅前	利木津巴士	約15分	¥700
松山市駅前		約24分	¥790
大街道		約30分	¥850
道後溫泉駅前		約40分	¥950

關西機場→四國各區
◎路線與價格指南

目的地	交通方式	時間	價格
高松駅	搭乘特急Haruka至新大阪駅轉搭新幹線至岡山駅，再換乘Marine Liner	約3小時22分	¥8950(自由席)
德島駅	搭乘特急Haruka至新大阪駅轉搭新幹線至岡山駅，再換乘特急列車渦潮	約4小時30分	¥11310(自由席)

鄰近地區前往四國

四國這座島嶼，北邊隔著瀨戶內海與中國地區遙望，東西方則分別是關西及九州，彼此間可以飛機、渡輪、鐵道或巴士互相連接，交通相當便利，因此除了直飛高松、松山的選項之外，也有許多人是從廣島、岡山、關西或九州前來遊玩！

四國其他機場→市區

出發地	交通方式	目的地	時間	價格
高知機場	機場連絡巴士	播磨屋橋	至播磨屋橋約20分	￥740
		高知駅	至高知駅約25分	
德島機場	德島巴士	德島駅前	約30分	￥600

岡山→四國各區

出發地	目的地	交通方式	時間	價格
岡山駅	高松駅	快速Marine Liner	約1小時	￥1550
	松山駅	JR特急列車潮風	約3小時	￥6420(自由席)
		下津井電鐵巴士・両備巴士・JR四國「Madonna Express」	約3小時25分	￥4800
	德島駅	快速列車Marine Liner + JR特急列車渦潮	約2小時15分	￥4100(自由席)
		德島巴士・両備巴士德島線	約2小時35分	￥3400
	高知駅	特急南風號	約2小時34分	￥5540(自由席)
		両備巴士・JR四國「龍馬Express」	約2小時21分	￥4100

廣島→四國各區

出發地	目的地	交通方式	時間	價格
廣島駅	高松駅	新幹線+JR快速列車Marine Liner	約1小時40分	￥6810(自由席)
廣島巴士中心	高松駅高速巴士總站	JR四國巴士「瀨戶內Express」	約3小時50分	￥4100
廣島巴士中心	今治駅	廣交觀光巴士「島波Liner」	約2小時50分	￥3800
廣島港	松山觀光港	瀨戶內海汽船・石崎汽船	噴射船約1小時10分 / 渡輪約2小時40分	噴射船￥7800 / 渡輪￥4500
廣島駅	高知駅	新幹線+JR特急列車南風	約3小時30分	￥9940(自由席)
廣島巴士中心	高知駅前	廣交觀光巴士「土佐Express」	約4小時30分	￥7500
廣島駅	德島駅	新幹線+JR快速列車Marine Liner+JR特急列車渦潮	約3小時10分	￥8890(自由席)
廣島巴士中心	德島駅前	廣交觀光巴士・德島巴士「阿波廣島號」	約4小時25分	￥7000

懶人看這裡就對了！

	機場巴士	一般鐵路	特急列車	計程車
行李又多又重	○	△	△	○
只要便宜就好	△	○	△	×
只要輕鬆就好	○	×	○	○
沒時間，要快點	△	×	○	△

○=適合　△=還可以　×=不適合

四國的東西南北馬上看懂

岡山縣

廣島縣

瀬戶內海

金刀比羅宮

松山機場

道後溫泉

松山城

大步危祖谷

愛媛縣

高知縣

高知

四萬十川

野

豐島

小豆島

直島

高松

✈ 高松機場

香川縣

鳴門

德島市

德島縣

我要住哪一區最方便？

高松：

高松匯集了巴士、鐵路、港口，為四國的交通門戶之一，一般多會選擇高松駅或丸龜町商店街周邊住宿，兩者皆有利木津巴士停靠，前者適合以交通為優先考量的旅人，後者則適合熱愛血拚的人。

松山：

松山三大熱門住宿區為松山駅、大街道、道後溫泉。松山駅交通轉乘便利，商務旅館多；大街道則是商業設施興盛，距離松山城近，適合專心遊覽松山的旅人；如果喜歡日式旅館氛圍，選擇道後溫泉準沒錯！

高知：

高知有特急列車直達，屬南四國交通中樞，本身也擁有高知城、ひろめ市場等豐富觀光資源。車站周邊商務飯店選擇多，價格實惠，缺點是晚上較冷清，想逛街需至大橋通附近。

JR鐵路快譯通

四國地區JR鐵路由JR四國管轄，做行程規劃前不妨先參照鐵道路線圖，安排出較為合適的旅遊路線吧！

市區交通
放大看清楚！

松山市電圖

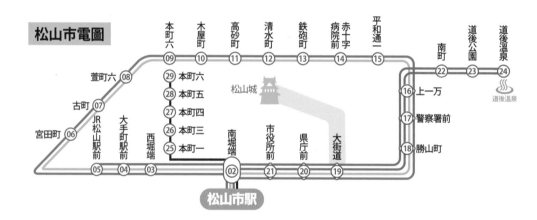

土佐電鐵

圖例　— 土佐電鐵
　　　— JR線

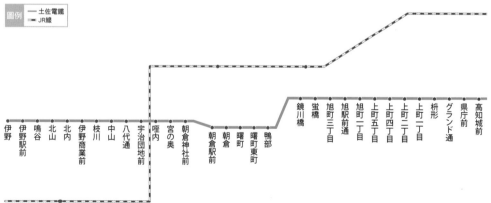

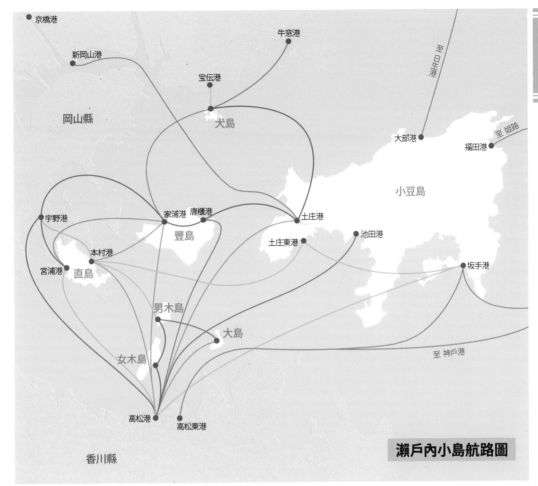

瀬戸内小島航路図

京橋港
新岡山港
牛窓港
宝伝港
犬島
岡山縣
至 日生港
大部港
福田港
至 姫路
小豆島
宇野港
家浦港　唐櫃港
土庄港
池田港
豊島
土庄東港
本村港
宮浦港
直島
坂手港
男木島
大島
女木島
至 神戸港
高松港
高松東港
香川縣

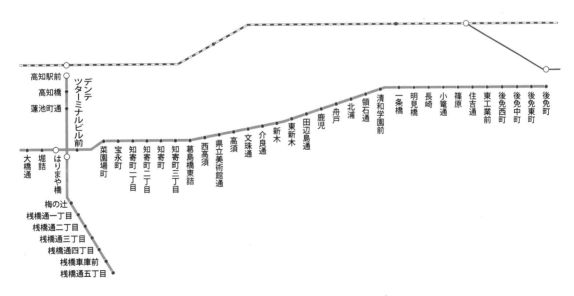

高知駅前
高知橋
蓮池町通
デンテツターミナルビル前
大橋通
堀詰
はりまや橋
菜園場町
宝永町
知寄町
知寄町一丁目
知寄町二丁目
知寄町三丁目
葛島橋東詰
西高須
高須
県立美術館通
文珠通
介良通
新木
東新木
田辺島通
舟戸
鹿児
北浦
領石通
清和学園前
一条橋
明見橋
長崎
小篭通
篠原
住吉通
東工業前
後免西町
後免中町
後免東町
後免町
梅の辻
桟橋通一丁目
桟橋通二丁目
桟橋通三丁目
桟橋通四丁目
桟橋車庫前
桟橋通五丁目

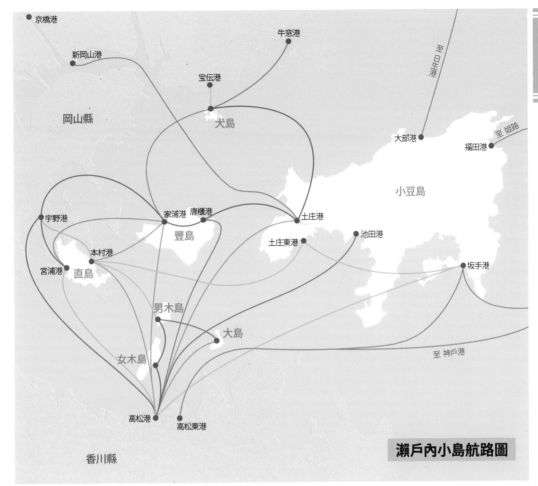

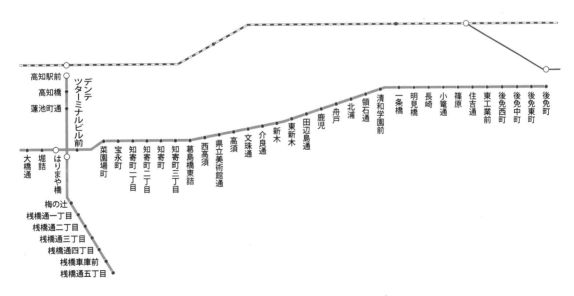

有什麼優惠車票適合我？

	四國鐵路周遊券 ALL SHIKOKU Rail Pass	瀨戶內地區鐵路周遊券 Setouchi Area Rail Pass
使用區間	JR四國、土佐黑潮鐵道、阿佐海岸鐵道、高松琴平電氣鐵道、伊予鐵道、土佐電氣鐵道全線 小豆島渡輪 (高松港～土庄港之間的渡輪)、小豆島橄欖巴士(小豆島島內公共巴士)	山陽新幹線(新大阪～博多) JR在來線：關空～京都～亀岡、岡山～栗林・琴平・松山 岡山電氣軌道、岡電巴士(岡山站～新岡山港) 兩備渡輪(新岡山港～小豆島土庄港)、小豆島渡輪(高松港～小豆島土庄港)、瀨戶內觀光輪船(日生港～小豆島大部港)、石崎輪船・瀨戶內海輪船「超級噴射船」(廣島港～吳港～松山觀光港)、JR西日本宮島渡輪(宮島口～宮島)、中國JR巴士(廣島觀光循環巴士Meipuru～pu)
價格	海外購買3日¥9000/4日¥10000/5日¥11000/7日¥13000 日本購買3日¥9500/4日¥10500/5日¥11500/7日¥13500	海外購買¥19000 日本購買¥21000
有效時間	3/4/5/7日	連續7日
使用需知	・不限次數免費劃位特急列車指定席 ・JR四國的瀨戶大橋線，兒島以北為則屬JR西日本經營範圍，搭乘需另外自付費用 ・無法搭乘寢台列車Sunrise瀨戶號、少爺列車、各地區巴士 ・可以1000日圓優惠價搭乘松山-高知線巴士「南國特快號」 ・可享沿線設施、渡輪優惠	・無法搭乘東海道新幹線 ・搭乘「SL山口號」，需另外購買指定席券 ・JR在來線(博多～鹿兒島中央)屬於JR九州之範圍，不可搭乘
售票處	高松、松山、德島、高知的各車站以及各Warp 分店、或坂出站Warp Plaza、Warp 梅田分店或琴平町站內資訊處	關西空港站、新大阪站、大阪站、岡山站、廣島站、博多站、高松站、松山站、Warp高松支店、Warp松山支店
官網		
購買身分	非日本籍旅客，購買需出示護照。	非日本籍旅客，購買需出示護照。

香川迷你鐵路&渡輪周遊券 KAGAWA Mini Rail & Ferry Pass	內子・大洲街區漫步一日券 UCHIKO OZU UWAJIMA RAIL PASS
JR予讚線(高松~觀音寺)、JR高德線(高松~引田)、 JR土讚線(多度津~琴平) 高松琴平電氣鐵道路線全線 小豆島渡輪(高松~土庄) 小豆島橄欖巴士	JR松山~下灘~伊予大洲、伊予大洲~內子~松山
¥4000	¥2840
2日	1日
・僅能搭乘特急列車自由席 ・不可搭乘小豆島渡輪的高速船及高松~土庄以外航線 ・不可搭乘各公司(除小豆島橄欖巴士)的路線巴士 ・無法搭乘寢台列車Sunrise瀨戶號	・僅能搭乘特急列車自由席 ・享沿線設施折扣優惠 ・欲搭乘觀光列車「伊予灘物語」需另購買綠色車廂券
Warp高松分店(營業時間外請至高松站的綠色窗口)	JR四國各站綠色窗口、Warp分店、車站Warp廣場及四國內的主要旅行社,道後溫泉大和屋總店、道後館、道後王子大飯店、道後格蘭飯店
非日本籍旅客,購買需出示護照。	非日本籍旅客,購買需出示護照。

高松琴平電鐵
定番一日旅

高松　琴平　琴平電鐵　金刀比羅宮
栗林公園　玉藻公園

香川縣的高松市位處四國重要玄關，交通網路四通八達，船運、鐵道、巴士、市內電車一氣呵成。來到高松坐上當地的琴平電鐵、買張一日周遊券，從鄰近的琴平地區一路玩回高松市區！

| 早 | 08:30 高松築港駅 |
| | 10:00 金刀比羅宮 |

午	上原屋本店／午餐
	14:05 栗林公園
	16:00 玉藻公園

晚	骨付鳥 寄鳥味鳥／晚餐
	19:30 高松中央商店街
	21:00 高松駅

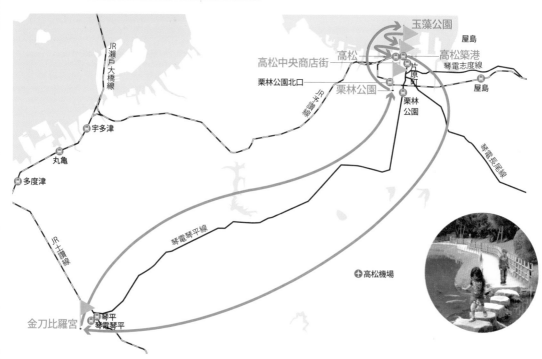

JR瀨戶大橋線
玉藻公園
屋島
高松中央商店街
高松
高松築港
琴電志度線
栗林公園北口
栗林公園
片原町
屋島
宇多津
栗林公園
琴電長尾線
丸亀
多度津
琴電琴平線
JR予讚線
JR土讚線
↑高松機場
金刀比羅宮　琴平
琴電琴平

電車小旅行

一生必去一次**金刀比羅宮**
高松琴電充電行程！

Tips 先在車站買好琴電一日券¥1250，就能全天無限次搭乘！

Start!

08:30

高松築港駅
琴電琴平線

¥630

搭電車 **60**分

搭乘琴電琴平線

琴電琴平駅
琴電琴平線

09:30

因路途稍遠，如體力不好可與沿途商家租借木杖。

步行 **15**分

出站沿河往左走即抵達參道入口

車站前方的高燈籠是全日本第一高的木造高燈籠，其高達27.6公尺。

10:00

金刀比羅宮

被暱稱為「金比羅桑」(こんぴらさん)的金刀比羅宮，供奉大物主神，掌管五穀豐收、海上交通安全等，參拜金刀比羅宮的狂潮甚至直追三重的伊勢神宮，在交通極不方便的古代，無數平民千里迢迢、翻山越嶺，只為一圓畢生的願望。

Map
Web

時間 御本宮6:00~17:30(5~8月~18:00、11~2月~17:00)，奧社9:00~16:00

沿參道回琴電琴平駅

步行 **15**分

琴電琴平駅
琴電琴平線

11:10

境內的金刀比羅犬是代替主人踏上參拜之路的表徵。

¥610

搭電車 **50**分

琴電琴平駅搭車到栗林公園駅

栗林公園駅
琴電琴平線

12:20

來到本宮還可買個華麗的絹絲製成的黃色御守。

出站往栗林公園方向走，栗林公園對面

步行 10分

12:30

高松市

上原屋本店

上原屋本店的美味秘訣不僅在Q彈帶勁的麵條，湯底更是一絕，烏龍涼麵(ざるうどん)的沾醬以釀造數年的醬油為基底，嚐來鹹香回甘，清湯烏龍麵(かけうどん)的高湯以昆布及鮮魚熬煮而成，味道清爽，風味香醇。

Map

Web

時間 9:30~15:30 **休日** 週日
價格 かけうどん(清湯烏龍麵)小¥320、大¥400

還有天婦羅、關東煮、飯糰、壽司等豐富配菜。

栗林公園是高松人最自豪的珍珠。

步行 4分 栗林公園就在一旁

從飛來峰向下望就是全公園中最美的景色。

14:05

栗林公園

舊時的栗林公園是供藩主遊憩賞玩的私人庭園，借景紫雲山的巧思為這座池泉迴游式庭園增添壯麗之美，襯著紫雲山的假山假水一下子大氣起來，顯得立體而有深度。

Map

Web

時間 5:30~18:30(日出至日落，時間依季節而異) **價格** 入園大人¥410、中小學生¥170；免費入園：1/1、3/16

¥190 搭電車 6分 回栗林公園駅搭乘琴電琴平線前往片原町駅

15:50 片原町駅 琴電琴平線

高松城是日本三大水城之一。

步行 10分 出站即達

16:00

玉藻公園

玉藻公園是高松城城跡的所在地，在江戶時期是代代讚岐藩藩主的居城，精心經營的枯山水庭園極為優美，松樹蒼勁蔥翠，望之不俗。護城河引入瀨戶內海的海水，每年還會進行水軍演習，武德不墜，是日本少數的水城，十分特別。

時間 5:30~19:00(時間依季節而異)；東門開門時間7:00~18:00(10~3月8:30~17:00) **休日** 12/29~31 **價格** 大人¥200、6~15歲小孩¥100、5歲以下免費

Web

步行 10分

17:30

骨付鳥 寄鳥味鳥

位在兵庫町商店街上「寄鳥味鳥」，店前方為商店街吉祥物的石像「ひょこたん」，招牌骨付鳥將早上新鮮現宰的雞腿肉，經私房調味後現點現烤，約需等待20分鐘，炭烤得恰到好處的雞腿香氣濃郁，肉質鮮嫩多汁。

(時間) 17:00~22:00(L.O. 21:30) (休日) 週一 (價格)
骨付鳥 ¥980

骨付鳥是指帶骨雞腿，是發源自香川的美食。

隨餐附上的生高麗菜，平衡口中的鹹味與油份。

總計2.7公里長的商店街互相連貫，為日本第一長。

出店即是

步行 1分

19:30

高松中央商店街

高松中央商店街為高松市中心8條商店街的總稱，區域涵蓋丸龜町商店街、南新町商店街、田町商店街相連的購物大道，與丸龜町商店街成垂直的兵庫町商店街、片原町商店街、平行的ライオン通商店街，及瓦町附近的常磐町商店街。

(時間) 店家營業時間各異

往北走即為JR高松駅

步行 10分

21:00

高松駅
JR線

Goal！

文學古湯
一日神隱之旅

松山城　道後溫泉　夏目漱石
泡湯　少爺列車

松山市是四國最大的都市，更是人情溫厚的文學之都，俳句的風雅融入松山人的血液裡，血管裡還流著道後溫泉水的滑膩纏綿。精神指標松山城、復古少爺列車、神隱少女原型的道後溫泉，從這裡開始感受日本的千年歷史。

早
09:00 大街道駅
09:10 松山城
11:00 大街道‧銀天街

午
13:00 道後溫泉
　　　　道後溫泉本館
　　　　愛媛果實俱樂部蜜柑之木
　　　　六時屋道後店
　　　　道後の町屋

晚
18:00 ふなや

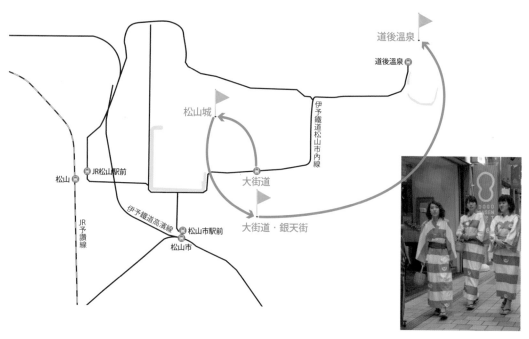

道後溫泉

道後溫泉

松山城

伊予鐵道松山市內線

松山　JR松山駅前

JR予讚線

伊予鐵道高濱線　松山市駅前

松山市

大街道

大街道‧銀天街

親遊日本文豪夏目漱石筆下的《少爺》經典場景～

從城市玩到山城 千年古湯療癒行程

Point!

可以利用松山城らくトクセット券，遊玩松山城、少爺列車。大人¥2200、小孩¥1020。

Start！

09:00 大街道駅 伊予鐵道

步行 **10**分 ¥270

出站後步行至纜車站，搭乘纜車或吊椅上山

纜車 約**3**分 ｜ 吊椅 約**6**分

選擇纜車或是吊椅前往松山城！

松山城

09:10

築於慶長8年(1603年)的松山城，和姬路城、和歌山城並列為日本三大連立式平山城，佇立於標高132公尺的勝山山頂，城內的大天守、小天守、城門、隅櫓等21處珍貴建築已被指定為國家重要文化財，可謂是松山的象徵性景點。

時間 纜車‧吊椅8:30~17:00(依季節而異)；天守9:00~17:00(8月至17:30、12~1月至16:30) **休日** 天守12月第3個週三不開放 **價格** 天守觀覽券大人¥520、小學生¥160

步行 **9**分 往大街道駅方向步行

還有時間也可以前往坂上之雲博物館，欣賞安藤忠雄大師建築。

大街道‧銀天街

11:00

大街道與銀天街是松山市最繁華的區域，呈L字型銜接的寬闊商店街上，紅男綠女來來往往，從流行精品、雜貨、藥妝應有盡有。若想在此用餐，不妨走到大街道的東側，一些較隱密的小酒店才是當地人開懷暢飲的地方。

時間 店家營業時間各異

口感紮實的勞研饅頭是商店街必買名物。

來愛媛怎能錯過有名的蜜柑！10 FACTORY就是間蜜柑專賣店。

登上松山城的天守閣飽覽松山市全景。

松山城更是欣賞春櫻的勝地之一。

Map ｜ Web 大街道 ｜ Web 銀天街

沿著千舟町通り，往大街道駅方向走

步行 7分

松山祭り

松山祭り名列四國四大祭典之一，其傳統始於1966年，每年8月初為期三天於松山市內的大街道・千舟町、堀之內等會場熱力上演，演出熱情輕快的野球Samba(棒球森巴)，團體連與企業連大跳野球拳おどり(棒球拳舞)，音樂中加入一段許多台灣人也相當熟悉的野球拳音樂，讓人忍不住想一起大唱「Out! Safe! Yo-yo-i-no-yo-i!」(アウト!セーフ!ヨヨイノヨイ!)。

12:50 大街道駅 伊予鐵道

¥180

搭電車 12分 搭乘伊予鐵道，至道後溫泉駅下車

坐上夏目漱石曾搭乘的「少爺列車」前往道後溫泉。

13:00 道後溫泉駅 伊予鐵道

步行 3分

出站後沿著指標走

道後溫泉本館是神隱少女裡的溫泉館「油屋」原型之一。

少爺列車(坊ちゃん列車)

日本大文豪夏目漱石年輕時曾赴松山任教，後來把經歷寫成小說《少爺》，插科打諢之下，其實是一個青年對社會的荒謬苟且針鋒相對的憤懣。1888年開通、直至1954年為止，一直都是冒著嘟嘟蒸氣的煤炭蒸汽列車，後來以複製品代替運行，直到2001年為了振興當地觀光才重出江湖，應了小說之名，冠上「少爺列車」的名號，將之改為柴油動力的復刻版。

道後溫泉

道後溫泉本館

13:10

明治27年(西元1894年)建成的道後溫泉本館，三層樓木造建築，北廂三層南棟兩層，後方是青銅板屋簷的三層又新殿，四方不對稱的設計、參差錯落的屋簷、山牆與鼓樓「振鷺閣」，讓整座建築就像《神隱少女》動畫裡那樣蠢蠢欲動。

Map

Web

時間 靈之湯6:00~23:00(售票至22:30) **價格** 12歲以上￥420，2~11歲￥160(使用時間1小時) **備註** 部分區域目前進行整修工程，完工日期未定

逛巡於建築物內，彷彿真走在雲霧氤氳的油屋。

到六時屋買昭和天皇與皇后最喜歡的御用和菓子。

本館周邊遊逛

步行 1分

道後溫泉

 Map

愛媛果實俱樂部蜜柑之木

愛媛的良好天氣適合蜜柑生長，因此在市內可見眾多蜜柑專賣店，蜜柑之木正是其一。店內販售的商品種類多樣，冰品、果凍、果汁，還有調味品及包裝可愛的水果酒。

Web

時間 9:30~18:30 **價格** 蜜柑果凍¥350

16:10

出店左轉，遇第一個叉路左轉即達

步行 1分

道後溫泉

六時屋道後店

開設於1933年的六時屋，店名的緣由來自指向6點的時鐘，期許自己能像呈直線的時針與分針般，經營誠信而正直的買賣。六時屋以手作蛋糕捲、伊予柑霜淇淋及冰最中最具人氣。

16:50

 Map
 Web

時間 10:00~18:00 **價格** タルト(蛋糕捲)¥140

來愛媛一定要吃吃最有名的蜜柑！

在古色古香的道後的町屋，靜享用餐時光。

出店右轉，遇第一個叉路右轉即達

步行 1分

道後溫泉

道後の町屋

改建自大正時代道後郵局及局長宅邸的咖啡廳，完整保存住數十年前町家沉穩而懷舊的氛圍，優雅的氣息深受女性青睞。

17:00

Map

Web

時間 10:00~21:00(L.O.20:00)

休日 週二、第3個週三

步行 4分

出店往道後溫泉駅方向走，少爺音樂鐘斜前方

18:00

道後溫泉

ふなや

創立於1627年的ふなや(鮒屋)擁有近400年的悠久歷史，飯店後方的庭園「詠風庭」為免費開放空間，非住客也可進來一遊。提供的會席料理嚴選瀨戶內海的新鮮海產及當地種植的蔬果，每一道都反映出松山受大自然恩惠的豐富物產。

時間 Check-in 15:00~24:00、Check-out ~10:00

Web

自家製蛋糕與刨冰也相當受歡迎。

Tips

免費足湯&手湯

在道後溫泉內有多處足湯及手湯，不收取任何費用，喜歡這種悠閒的人，路過時不妨邊泡邊看行人。開放地點及時間詳細時間請見網址。

Web

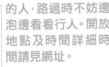

恬靜安逸的氣氛吸引文人雅士造訪，更是皇族指定下榻處。

Goal !

瀬戸內海二日跳島藝術旅

瀬戸內海　直島　小豆島　藝術祭

位於本州南端與四國中間的瀬戸內海,自一萬多年前就是豐饒的生活舞台,讓瀬戸內海被冠上「東洋的珍珠」美名。用兩天一夜跳雙島,看遍直島的藝術美學,再將小豆島明媚風光盡收眼底。

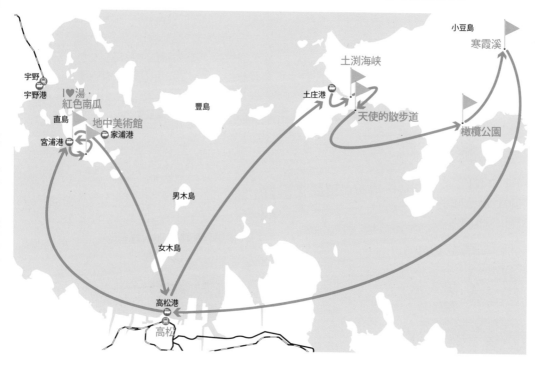

DAY1

早
08:00 高松駅
08:10 高松港
09:30 紅色南瓜

午
10:30 地中美術館
Benesse House

晚
17:00 直島錢湯「I♥湯」
20:15 高松港

DAY2

早
09:02 土庄港
09:30 土渕海峽
11:00 天使的散步道

午
12:30 小豆島橄欖公園
15:30 寒霞溪

晚
20:00 高松港

瀬戶內海最經典的藝術雙島這樣玩最實在！

藝術聖地**直島・小豆島**
兩天一夜超精實行程

Point!

Web

想要實現跳島旅行不困難，前往直島及小豆島可以從宇野港或高松港出發，兩處港口都臨近JR車站，行前記得查好時間以免錯過船班。

Start! **DAY1**

高松港附近已能開始看見裝置藝術。

08:00

🚃 高松駅
JR高德線

步行 **8分**

高松駅步行至高松港

08:10

¥520

搭船 **50分**

搭乘往直島宮浦港四國汽船渡輪

需注意前往直島的渡輪與高速旅客船是在不同地方搭乘。

高松港

從高松市搭乘渡輪，時間為50分，若是在觀光旺季的3~11月間的週五~日及假日則會加開高速旅客船，航程為30分。

價格 渡輪（フェリー）大人¥520(往返¥990)，小孩¥260(往返¥520)；高速旅客船大人¥1,220，小孩¥610

Map

09:30

宮浦港與紅色南瓜

直島必拍的草間彌生黃色南瓜即在つつじ莊站附近。

船隻還未停妥宮浦港，船上人們就開始一陣騷動，通通靠到鄰近港口的一側，原來吸引目光的正是港邊上那一顆藝術感十足的紅色大南瓜。紅色大南瓜上斑斑黑點，是草間彌生作品的基本樣貌。

Map

¥100

搭巴士 **15分**

宮浦港搭町營巴士至つつじ莊站下車

免費

搭巴士 **11分**

轉乘場內接駁巴士約11分至地中美術館站下車即達

前去必訪的地中美術館前，建議先到網站預約入場券。

10:30

地中美術館

Map

Web

由安藤忠雄設計,利用「光」和「影」元素以完全不破壞自然景觀的規劃,打造這座完全沒入地底下的美術館。

時間 10:00~18:00(入館至17:00),10~2月10:00~17:00(入館至16:00)

休日 週一(遇假日順延一天) 價格 ¥2100,15歲以下免費

地中美術館從一開幕便備受藝術界肯定,躍升為世界級的美術館。

免費
搭巴士
8分

至Benesse House Museum站下車

Map

Web

13:30

Benesse House (ベネッセハウス)

完工於1992年的Benesse House,除了住宿、餐廳等設施,還擁有美術館與散置於戶外的當代藝術品。「自然、建築與藝術共生」是Benesse House的設計概念,從客房、公共空間到周邊的海灘、樹林之間都可看到藝術品。

時間 8:00~21:00(入館至20:00) 價格 ¥1,300,15歲以下及入住Benesse House的旅客免費

¥100
搭巴士
40分

回到つつじ莊站搭町營巴士回宮浦港

17:00

直島錢湯「I ♥ 湯」

直島

Map

Web

直島錢湯「I ♥ 湯」由藝術家大竹伸朗與來自大阪的藝術團隊graf合作完成,以日文平假名寫成的湯(ゆ)刻意以女性胴體的媚惑姿態展現文字藝術,空間裡結合多樣作品吸引藝術愛好者前往。

時間 13:00~21:00(最後入場時間20:30) 休日 週一 價格 ¥660、15歲以下¥310、未滿3歲免費

除了奪目的藝術空間,這裡依舊是座使用中的錢湯。

19:45
宮浦港
渡輪

¥1220
搭船
30分

搭乘往高松港的高速旅客船

20:15
高松港
渡輪

Tips 要注意回高松港的船班時間哦!渡輪末班時間是17:00,高速旅客船末班時間是19:45。

Goal !

Start!

08:00

¥700

高松港
渡輪

搭船
60分

搭8:02的渡輪
前往土庄港

小豆島有二處港口(土庄、池田)買票時注意看目的地(行先)是哪裡。

小豆島交通

小豆島交通

◎小豆島景點分散各處,若想多逛一點,最推薦的就是租車或搭巴士,若預定只逛港口周邊範圍,也可利用單車移動。詳細島內交通可查詢網站。

定期觀光巴士

09:02
土庄港
渡輪

步行
20分

沿國道436號走即達

09:30

小豆島有一項世界之最,那就是最窄的土渕海峽。

步行
5分

沿中央通向南步行,右手邊即是

土渕海峽

海峽全長2.5公里,最窄的海峽只9.93公尺,簡直就像排水溝,但溝裡流的可是貨真價實的海水。走過後到位在南邊的土庄町役場還能申請一張橫斷證明書,是個不錯的記念品。

時間 自由參觀 **價格** 橫斷證明書¥100

Map

¥150

搭巴士
10分

搭小豆島橄欖巴士
在国際ホテル站下車步行3分

前往被稱「戀人的聖地」的天使的散步道。

11:00

天使的散步道

一天內只出現兩次的海中沙灘步道，隨著潮起隱沒於海中，隨著潮落而撥開海水露面，延伸500公尺的細長沙灘串連起弁天島、小余島、中余島、大余島4座島嶼，在每天退潮的前後約2小時可橫渡。

時間 退潮時間可事先於網路查詢，詳細時間會依天候及潮位變化。

據説與心愛的人牽著手走過這條沙灘，天使會從天降臨實現心願。

¥300

搭巴士 25分

小豆島橄欖巴士
在オリーブ公園口下車步行5分

12:30

白色建物與海景一起納入鏡頭裡，是最經典的小豆島美景。

小店是《魔女宅急便》中琪琪所待的麵包店。

小豆島橄欖公園

小豆島氣候乾燥少雨，是日本最早引進橄欖種植的地區，位於山坡上的園內可眺望瀨戶內海藍色的海平面。販賣各式橄欖製品的賣場，從實用橄欖油到美容養顏的的保養品，一應俱全。

時間 8:30~17:00

幸福橄欖葉

來到小豆島橄欖公園，一定要試試最夯的「找愛心」活動，茂密枝葉中，耐心尋找便可找到兩片葉子連在一起的愛心樹葉，據説找到的話便會得到幸福。摘下的葉子可以夾在書中，也可到紀念館內請工作人員幫你護貝成書籤唷(收費)！

¥300

搭巴士 14分

回草壁港轉乘神懸線巴士到紅雲亭站

寒霞溪

寒霞溪經過200萬年歲月的刻畫洗禮，被選為日本百大風景名所，三大溪谷美之一，風光明媚自然不用贅述，秋天紅葉燃燒了滿天的華麗，才是震撼的美學經驗。

Map

Web

時間 纜車8:30~17:00(10/21~11月8:00~17:00、12/21~3/20 8:30~16:30)

價格 纜車：單趟¥1100、往返¥1970

來回¥1970

搭纜車
5分
15:30

搭乘纜車登上山頂展望台可遠眺溪谷之美。

搭乘神懸縣巴士回到草壁港，再轉搭往土庄港的坂手線至「池田港ターミナル前」下車

¥600
搭巴士
30分

池田港
渡輪
18:30

¥700
搭19:00的船班
回高松港
搭船
60分

高松港
渡輪
20:00

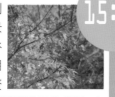

Goal！

COLLECT！小豆島藝術品

原本就是度假勝地的小豆島，在每三年一度的瀨戶內國際藝術祭展開後，更晉升為藝術聖地，在小島上緩步遊逛時或許也能碰見這些藝術品。

太陽的贈禮

橄欖的飛機頭

小豆島緣起

The Star ANGER

德島限定世界奇景
一日神隱之旅

德島　阿波舞祭　眉山
鳴門漩渦　世界奇景

舊名為阿波的德島縣，擁有豐富的自然觀光資源，其中在鳴門海峽出現的巨大漩渦是德島最具代表性的景點。另外，擁有悠久歷史傳統的阿波舞祭，是夏日必參加的祭典之一。

早
09:00 德島駅
09:15 眉山纜車
10:30 阿波舞會館

午
13:30 大塚國際美術館
15:00 鳴門漩渦
　　　　大鳴門橋·渦の道
　　　　千疊敷展望台

晚
17:30 鳴門駅

逛完德島市區，再到鳴門看絕無僅有的漩渦浪潮！

德島必去景點 玩好玩滿歡樂行程

Point!

若是在阿波舞活動期間造訪德島，因觀光客人數暴增，建議搭乘鐵道的旅客事先預約火車座位，或是提早到車站。

Start!

09:00 德島駅
JR高德線

步行 **15**分　出站後沿著新町橋通り直行

09:15 眉山纜車

阿波舞會館就在眉山腳下，從會館5樓可以搭乘纜車到標高290公尺的眉山山頂展望台，單趟需時6分鐘，纜車是小巧的圓柱體，顏色鮮豔非常可愛。到了展望台欣賞德島的景致，天氣好時連淡路島和紀伊水道都看得見。 **Map**

時間 9:00~21:00(11~3月至17:30) **價格** 單程大人¥620、來回大人¥1030 **Web**

 ¥1030
搭纜車 **6**分　抵達眉山山頂

10:30 搭乘纜車下山，回到阿波舞會館

登上眉山一覽德島市區風景。

阿波舞會館

無緣親身參加祭典沒關係，阿波舞會館幾乎每天都有阿波舞的表演，表演的都是當地赫赫有名的連(隊伍之意)。會館一樓設有土產專賣店，2樓是表演舞台，3樓的博物館收藏阿波舞百年資料，4樓為練習場，5樓是眉山纜車搭乘處。 **Map**

時間 9:00~21:00(依設施而異)，公演時間詳見官網 **休日** 12/28~1/1、2、6、10月的第2個週三 **價格** 午間公演大人¥800、中小學生¥400，晚間公演大人¥1,000、中小學生¥500 **Web**

德島阿波舞祭

德島市在8月中旬的盂蘭盆節(似台灣的中元節)期間,都會舉行阿波舞祭,已有四百多年的歷史,仲夏夜裡,阿波舞席捲所有的熱力,男女老少百萬人都感染了一份無拘無束的輕鬆喜悅。

(時間)8月12~15日(前夜祭為8月11日)18:00~22:00 (地點)市役所前演舞場、藍場浜演舞場、紺屋町演舞場、南內町演舞場(需付費);新町橋演舞場、兩國本町演舞場、元町演舞場(免費觀賞) (價格)中央S指定席¥2,200,A指定席¥2,000,B指定席¥1,800,C自由席¥1,200

Web

德島拉麵

德島最有名的就是拉麵了,正值中午時間,到德島市首屈一指的名店「ラーメン東大 大道本店」,人氣一級棒,蔥花帶出湯頭的深厚,麵條細卻有勁,營業時間到凌晨4點,晚上肚子餓時可以去光顧。

步行 15分　原路回德島駅

12:30 ¥360　🚌 **德島駅** JR高德線

搭電車 35分　德島駅搭乘電車前往鳴門

13:05 ¥290　🚌 **鳴門駅** JR鳴門線

搭巴士 15分　鳴門駅前2號巴士站搭乘開往鳴門公園的德島巴士,至大塚国際美術館前站下車徒步即達

來到大塚國際美術館,從日本可以看見全世界。

Tips 使用巴士遊德島的旅人,可以使用由德島巴士營運的「とくしまバスNavi いまどこなん」查詢巴士班次,車程時間及所需車費都清楚明列。

Web

鳴門

13:30 🚩 **大塚國際美術館**

有哪一個美術館可以同時欣賞《蒙娜麗莎的微笑》和《最後的晚餐》?有哪一個美術館允許參觀者觸摸展覽品?大塚國際美術館收藏一千多件西洋名畫的複製陶版畫,除了畫作外,連西斯汀教堂壁畫也原汁原味重現。

Map

(時間)9:30~17:00(售票至16:00) (休日)週一(遇假日順延一天) (價格)成人¥3,300、大學生¥2,200、小學到高中生¥550

Web

搭巴士 10分 ¥110　於大塚国際美術館前站搭乘德島巴士至鳴門公園站下車

(註)也可以選擇走路到鳴門公園,路程約15分。

大鳴門橋周邊景點一起玩

千疊敷展望台

位在大鳴門橋前的展望台,臨近渦の道的入口,壯闊的橋身與瀨戶內海美景就展現在眼前。

大鳴門橋架橋紀念館Eddy

紀念館是為了紀念大鳴門橋完工所建造,館內設有互動遊樂設施、架橋建造過程等。

Eskahill鳴門

搭上電扶梯登上展望台,大鳴門橋當然盡收眼底,大樓內還設有餐廳和土產店。

15:00

鳴門

大鳴門橋・渦の道

大鳴門橋完工於1985年,向北走可連結淡路島、明石海峽大橋,一路直通關西。大鳴門橋長達1629公尺,除了供汽車行駛,橋面下還設有450公尺的渦の道,可以漫步在海面上,透過腳下的透明玻璃,欣賞著名的漩渦。

時間 9:00~18:00(黃金週及暑假8:00~19:00、10~2月9:00~17:00)
休日 3、6、9、12月的第2個週一
價格 ¥510

Map

Web

不妨留點時間搭上鳴門觀光汽船,親身感受漩渦威力!

¥320

搭巴士 **20分** 於鳴門公園站搭乘德島巴士至鳴門駅前下車

17:30

鳴門駅
JR鳴門線

Goal !

朝聖日本最後的
清流一日慢旅

高知　四萬十川

日本最後的清流　日劇景點

有著「日本最後的清流」之稱的四萬十川，在日劇《遲開的向日葵》的推波助瀾下，成為極受歡迎的景點。最貼近四萬十川的遊玩方式就是乘坐屋形船，此外，也可以考慮安排一趟單車小旅行，以自己的步調認識四萬十川。

早　**08:20** 高知駅
　　10:15 安並水車之里

午　**12:30** 四萬十川
　　　　　佐田沉下橋
　　　　　屋形船
　　　　　勝間沉下橋

晚　**17:20** 中村駅

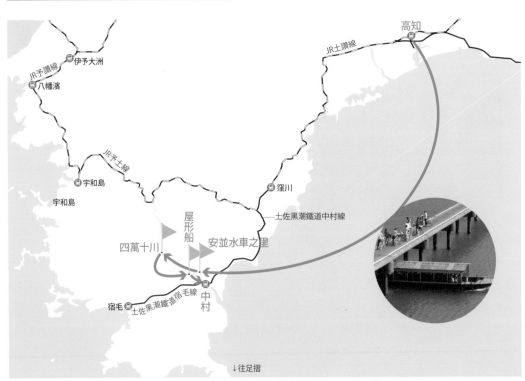

高知

JR土讚線

JR予讚線
伊予大洲
八幡濱

JR予土線
宇和島
宇和島

窪川

土佐黑潮鐵道中村線

屋形船

四萬十川　　安並水車之里

宿毛　土佐黑潮鐵道宿毛線　中村

↓往足摺

造訪日本最後一道清流，感受大自然能量～

出走高知郊外 四萬十川秘境滿載行程

想要前往四萬十川各景點，可在JR中村駅利用喜歡的交通工具巡遊，因巴士的班次較少，推薦抵達後到車站附近租車或租借單車，以自駕或騎單車的方式更為自在愜意。

租借單車

除了自駕，最推薦的交通方式是來趟單車旅行，中村站附近有多間腳踏車店，如果只是要短暫停留，一般會選擇4~5小時的方案，不過因橋與橋之間距離遙遠，所以至多只能看1~2座沉下橋即得返回。

價格 淑女車5小時¥600(多1小時加¥100)、變速腳踏車5小時¥1000(多1小時加¥100)，實際依各店而異

Start！

08：20 高知駅
¥5140
JR土讚線

搭電車 搭乘JR特急四萬十
1小時50分

看看有沒有機會搭到四國限定的「麵包超人列車」！

10：04 中村駅
JR線・土佐黑潮鐵道

開車 走國道439號
10分

路途中可以看到經典紅鐵橋「四萬十川橋」。

體力好的人推薦用單車玩四萬十，中村駅的觀光案內所即可租借。

安並水車之里

10：15 過去土佐藩山內家的家老野中兼山，為了灌溉周邊4個村落的農田，不僅挖水道引水，更設置數十座水車汲水，現正運轉的水車純粹供欣賞，每到5月下旬~6月中旬，周邊約450株紫陽花大肆綻放，田園景色令人心曠神怡。

時間 自由參觀

Map

Web

水車與綠意的田野風光，在此度過悠閒午後時光。

開車 15分　往中村駅方向開國道439號，過後川橋右轉接國道441號，再靠左行駛往縣道340號

12:30

日劇《遲開的向日葵》

日本富士電視台於2012年10~12月間播放由生田斗真、真木陽子等人領銜主演的《遲開的向日葵》，劇中講述在東京工作的小平丈太郎(生田斗真飾)，原本生活渾渾噩噩，經裁員、失戀雙重打擊後，決定加入四萬十市的地域振興隊後發生的故事。劇中四萬十川的絕美景色令人驚豔，吸引許多劇迷前去朝聖。

四萬十川
佐田沉下橋

佐田沉下橋是離中村站最近的沉下橋，全長291.6公尺，長度為四萬十川沉下橋中之最，藍色的橋墩是最顯眼的特徵，年間吸引眾多觀光客造訪，尤其是春天一旁盛開的油菜花黃澄耀眼，與河流、沉下橋構築成一幅優美圖畫。

Map

時間 自由參觀

被稱為「日本最後的清流」的四萬十川裡，可以看清鵝卵石的紋路。

四萬十川

四萬十川流域是一處生意盎然的水域，是無數動植物的棲息地，處處可見溪魚、昆蟲和水鳥的蹤跡。租輛腳踏車兜兜風是個好主意，划獨木舟徜徉河上，更是偷得浮生半日間。

 Map Web

獨木舟(カヌー)

最貼近四萬十川的遊玩方式就是獨木舟，推出獨木舟體驗的公司相當多，可以選擇1日或半日的行程，在講習過後才會開始下水體驗，裝備齊全加上四萬十川水流和緩，不會有安全的疑慮，初學者也可以輕鬆上手。

Map

Web

四萬十川

14:45

屋形船

Map

Web

四萬十川上的遊覽船有數家不同的公司在經營，屋型船的造型都相當典雅可愛，一趟遊河約費時60分鐘，能體驗四萬十川的萬種風情，螢火蟲的季節裡，還可以出航欣賞自然奇景。

【時間】各店家營業時間各異，約9:00~17:00 【價格】屋形船 四万十の碧：屋形船大人¥2,000、小學生以下¥1,000

開車 10分
沿著縣道340號接國道441號

四萬十川

16:30

勝間沉下橋

Map

別名「鵜ノ江沈下橋」的勝間沉下橋，鋼管材質的橋墩相當獨特，與其他沉下橋不同，這座橋的橋墩為三腳而非兩腳，是其獨有的特色。綿延不絕的青山與澄澈見底的河水，讓這裡成為戲水、划獨木舟的水上活動天國。

【時間】自由參觀

> 壯闊絕美的景色，也曾為電影《釣魚狂日記13》的取景地。

開車 25分
往鵜ノ江方向接國道441號

中村駅
JR線・土佐黑潮鐵道

17:20

自駕走遠一點：足摺

高知西南角的足摺，波瀾壯闊，驚濤裂岸，大海將海岸線織成了沒有盡頭的奇岩怪石，足摺位於足摺宇和海國立公園的中心，北上黑潮的長期洗禮形成足摺獨特的自然景觀，從地下1000公尺湧出的溫泉，更讓足摺成為四國最南端的溫泉鄉。

> 白色足摺岬燈塔高達18公尺，是日本最大的燈塔之一。

> 海底的彩色珊瑚遍布，是不可多得的潛水聖地。

Goal !

日本秘境美景
滿載一日旅

大步危峽谷　祖谷蔓橋　祖谷溪

日本秘境　日本三大暴川

日本三大暴川之一的吉野川，上游祖谷溪貫穿了四國山脈，切割出令人讚嘆不已的大步危、小步危峽谷，巨岩奇石綿延不絕，絕景望之令人屏息，被稱為日本三大祕境之一。

早

09:30 大步危駅
10:10 **大步危峽谷**
　　　 大步危峽觀光遊覽船

午

12:00 **平家屋敷民俗資料館**
13:30 **祖谷蔓橋**
　　　 琵琶瀑布
15:30 **祖谷溪・小便小僧**

晚

18:00 大步危駅

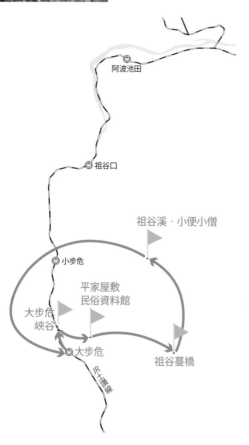

阿波池田

祖谷口

祖谷溪・小便小僧

小步危

平家屋敷
民俗資料館

大步危
峽谷

大步危

JR土讚線

祖谷蔓橋

前進日本秘境 來趟遊走峽谷間的冒險行程

造訪日本三大暴川之一「吉野川」，感受驚豔絕景！

Point!

這一帶為山區，交通較為不便，若自駕前往，雖然可以開車到大步危或深山裡的祖谷，但因為山路蜿蜒狹窄不易行走，且當地人車速較快，所以開車會比較費力，建議還是利用巴士或觀光計程車較安全。

Tips

利用四國交通推出的「定期觀光（西祖谷コース）」，就能玩到祖谷跟大步危峽谷，行前先到網頁預約（有中文），當天10:30再到JR阿波池田駅集合出發。每年4月～11/30的週六、日及假日運行，大人¥8800，小孩¥8500（詳洽官網）

Map

Start!

09:30

🚃 大步危駅
JR線

開車 5分

大步危橋右轉行駛國道32號

大步危峽谷絕景令人屏息，被稱為日本三大祕境之一。

大步危峽谷

吉野川貫穿四國山脈所切割出的大步危、小步危峽谷，乃天下絕景，在交通不便的年代，跋涉過這嚴山峻嶺，大步走也不是，小步走也不是，進退維谷的艱險，就這樣反映在地名上。

10:10 **大步危峽觀光遊覽船**

要一覽大步危的壯麗，搭乘觀光遊覽船自然最佳，往返約4公里、30分鐘的船程讓人心曠神怡，流水是最偉大的石雕大師，岩壁奇勝，形態不一，四季景色的轉換，也是秀麗絕倫。

Map

Web

時間 9:00~16:30（天候不佳時停駛） 價格 大人¥1500、小孩¥750

大步危峽谷斷崖絕壁美景撼動人心。

祖谷鄉土料理

祖谷的名物是別有風味的祖谷蕎麥麵（祖谷そば）和味噌串燒（でこまわし）。味噌串燒上串著蒟蒻、芋頭和豆腐，塗上厚厚的味噌炭烤，樸素且美味。祖谷溫泉蕎麥麵較粗較短，有別於一般的蕎麥麵，材料實在、揉功紮實，一碗就可以吃出日本秘境溪谷的深厚韻味。

開車
7分

大步危橋左轉
縣道45號繼續行駛

12:00 平家屋敷民俗資料館

平家屋敷民俗資料館建於
江戶時代，據說是平家女兒所
生的安德天皇，所重用的御醫子孫
所建，平家落敗後，家臣餘薰避難
於祖谷溪，御醫採集當地豐富的
草藥，行醫為生。現改為展示平
家寶物和民具的資料館。

時間 9:00~17:00（12~2月 ~16:00）

價格 大人¥500、小孩¥300

展品包括象徵平家
的紅旗、盔甲和數
百項文書資料。

祖谷蔓橋是日本三
大奇橋之一，橋材皆
以樹枝編織而成。

開車
11分

左轉縣道45號，往祖谷ふれあい公園方向
接縣道32號，於かずら橋口靠右行駛

13:30 祖谷蔓橋

祖谷溪是平家人為了躲避
政敵而藏身的秘境，因此搭建
了敵人來犯時，可以隨時斬斷追兵去
路的藤蔓吊橋，也有一說是空海大師
修行遍路所建。祖谷蔓橋已被指
定為國家重要有形文化財，為了
安全考量，每三年更換一次。

時間 7~8月7:30~18:30，4~6月
8:00~18:00，9~3月8:00~17:00

休日 日出到日落三年一度的修橋期間暫停開放
（冬季約1個月） **價格** 大人¥550、小學生¥350

琵琶瀑布

從祖谷蔓橋步行約2分
鐘就可以來到附近的琵
琶瀑布，落差達50公尺
的瀑布流水如白絲般優
美，據說平家人會聚集在
此，一邊彈奏琵琶一邊思
念故鄉，互相安慰彼此，
而這瀑布也因此得名。

吊橋的空隙頗大，
從橋面可以看到底
下的涼涼河水。

開車
10分

一路沿著縣道32號行駛

15:30

祖谷溪附近有處祖谷溫泉,不妨作為順遊景點。

走遠一點：松尾川溫泉

從阿波池田駅開車約25分即達松尾川溫泉,是當地人愛用的公眾溫泉,鹼性單純硫磺泉的泉質,具有降低血糖、排毒、降血壓等功效。這裡也提供旅宿住宿,大人一晚只要¥3,670元,還可以免費泡湯(需自備浴巾、牙刷等),價格平實。

Map

Web

祖谷溪

在深山幽谷之中,吉野川支流祖谷川從標高1955公尺的劍山往下奔流,呈V字型的溪谷兩側是經溪水侵蝕而成的斷崖絕壁,高低差從數10公尺到數百公尺皆有。

時間 自由參觀

Map

Web

過去在開挖道路時留下了一塊凸出於道路的岩石,據說旅客與當地小孩很愛在此試膽量,小便小僧像於是誕生。

開車
25分

行駛縣道32號及45號,往西祖谷山村後山方向接縣道163號

18:00

大步危駅
JR線

Goal !

九州排行程入門指南

福岡縣
佐賀縣
長崎縣
熊本縣
大分縣
宮崎縣
鹿兒島縣

比起東京的流行或是京都的古都風情，九州融合了福岡的現代化、佐賀的精美工藝、長崎的異國風情、熊本的熱情、大分的溫泉悠閒、宮崎的自然絕景與鹿兒島的人文，呈現出多樣性的面貌，讓人忍不住想要一窺九州的魅力所在。

Q

我到九州觀光要留幾天才夠？

A

九州本島面積約與台灣相當，又可分為南九州和北九州，**單次旅行天數建議5天4夜以上，才能體會到九州的迷人魅力。新手建議從北九州下手**，以福岡為基準，延伸1、2個近郊景點，待得心應手後再進行大範圍跨區域的旅遊！

Q

天氣跟台灣差很多嗎？

A

九州春秋日夜溫差大，不能因為天氣涼爽就輕忽保暖的重要性，6月進入梅雨季，需準備雨備方案。夏季晴朗炎熱，平均溫度在30度以上，且須注意**7~10月常有颱風侵襲**。冬季均溫在10度以下，務必加強保暖和保濕！

Q

什麼季節去最美？

A

3月底至4月中是九州的賞櫻季，**4月下旬至5月**可以到河內藤園欣賞絕美的紫藤花。**夏季適合至高千穗、日南海岸**，感受鬼斧神工的自然奇景。**冬季少不了泡湯**，走一趟大分縣，琳瑯滿目的溫泉種類讓你泡到不要不要～

有了基本認識後，現在就來打造最適合自己的旅遊行程吧！

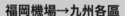

福岡機場→九州各區

前往市區

福岡市地下鐵空港線的福岡空港駅
設置在國內線B1F，因此到達福岡機場後，需
在國際線1F的1號乘車處搭乘航廈間的免費聯
絡巴士。

◎路線與價格指南

目的地	交通方式	乘車時間	價格
博多駅	福岡市營地下鐵	5分	¥260
天神駅	福岡市營地下鐵	11分	¥260
博多駅	國內線航廈搭乘市區急行巴士	15分	¥270
博多駅・雅虎巨蛋前・福岡塔南口	國內線航廈搭乘市內巴士139號線	至博多駅20分 至福岡塔南口約45分	博多駅¥270 福岡塔南口¥440

利用高速巴士前往各地

◎路線與價格指南

航廈	目的地	交通方式	乘車時間	價格
國內線航廈	佐賀駅・巴士中心 (行經國際線4號乘車處)	西鐵巴士	約1小時15分	¥1300
	熊本交通中心	ひのくに号(火之國號)／西鐵巴士、九州產交巴士	約2小時01分	¥2500
	伊万里駅	いまり号(伊萬里號)／昭和巴士	約2小時17分	¥2100
國際線航廈	黑川溫泉	九州產交巴士、日田巴士	約2小時16分	¥3470
	別府(北浜)	とよのくに号(豐國號)／西鐵巴士、龜之井巴士	約2小時	¥3250
國際線航廈	豪斯登堡(ハウステンボス)	西鐵巴士、西肥自動車	約1小時34分	¥2310
	佐世保	させぼ号(佐世保號)／西鐵巴士、西肥自動車	約1小時40分	¥2310
	長崎縣營總站	九州号／九州急行巴士	約2小時20分	¥2900
	由布院駅前	ゆふいん号(由布院號)／西鐵巴士、日田巴士、龜之井巴士	約1小時30〜45分	¥3250

九州其他機場→市區

◎路線與價格指南

出發地	目的地	交通方式	乘車時間	價格
熊本機場	熊本駅前	九州產交巴士	53分	¥960
	黑川溫泉	九州橫斷巴士/九州產交巴士	2小時30分	¥2000
	阿蘇	特急やまびこ号/九州產交巴士・大分巴士	1小時	¥1220
大分機場	別府北浜（位於別府駅西側）	大分交通巴士	45分	¥1500
	大分駅前		1小時	¥1550
	由布院駅前	大分交通、龜之井巴士	55分	¥1550
佐賀機場	佐賀駅巴士中心	佐賀市營巴士	35分	¥600
長崎機場	長崎新地總站	長崎巴士、長崎縣營巴士	35分	¥1000
	長崎駅前		43分	¥1000
宮崎機場	宮崎駅	JR宮崎空港線	15分	¥360
鹿兒島機場	鹿兒島中央駅前	岩崎巴士、南國交通巴士	38分	¥1400

 熊本機場交通
 大分機場交通
 佐賀機場交通
 長崎機場交通
 宮崎機場交通
 鹿兒島機場交通

懶人看這裡就對了！

	機場巴士	一般鐵路	空港線	計程車
行李又多又重	○	△	△	○
只要便宜就好	△	○	△	×
只要輕鬆就好	○	×	○	○
沒時間，要快點	△	×	○	△

○=適合　△=還可以　×=不適合

⑤ 九州

179

九州的東西南北
馬上看懂

門司
小倉
北九州機場

福岡機場
福岡市 福岡縣
太宰府

佐賀縣
佐賀市
有田
武雄
柳川
嬉野溫泉
佐賀機場

由布院
別府

黑川溫泉
大分縣

阿蘇

長崎縣

長崎市

軍艦島

熊本城 熊本機場

熊本縣

宮崎縣

宮崎市
宮崎機場
日南海岸

鹿兒島縣

鹿兒島機場

鹿兒島市 櫻島

指宿溫泉

種子島

屋久島

我要住哪一區最方便？

Point! 跨區域行程以新幹線沿線大站周邊為佳！

博多站：

博多車站是九州交通匯集之處，是高速巴士、九州新幹線的起始點，更為九州地區規模最大的車站。車站本身亦是座商業設施(JR博多城)，結合伴手禮中心與潮流百貨，形成廣大的購物商城，吃喝玩買都找得到。車站周邊大型連鎖飯店選擇多，也有公園等景點，相當便利！

天神站：

若喜歡熱鬧的氛圍，天神站周邊也是個好選擇。除了交通便利的優勢外，距離商店街、神社、屋台、百貨都很近，特別適合以福岡為主，進行深度探訪的旅人。

熊本站：

地理位置接近九州的中央，為九州新幹線的主要停靠站之一，有高速巴士可直達黑川溫泉、阿蘇火山等著名觀光地，適合作為遊玩全九州的中繼站。此外，有許多特色觀光列車從這裡發車，可作為九州鐵道小旅行的出發點！

鹿兒島：

鹿兒島兩大住宿區為天文館通周邊和鹿兒島中央，如果行程主要仰賴鐵路，以鹿兒島中央車站為佳，其周邊也有購物中心、電器行，想逛街採買也很方便。若熱愛逛街、遊玩範圍小，則適合選擇熱鬧非凡的天文館通。

要搭車前先搞懂
九州交通圖

九州面積比台灣大一些，由於JR等大眾交通工具系統相當完善，因此縣市之間的往來交通仍是十分便利，想要玩遍九州的話，那麼四通八達的JR九州鐵路網絕對是最佳的選擇，2011年3月九州新幹線全面開通後，配合上多條觀光列車路線，更成為玩九州的熱門話題。

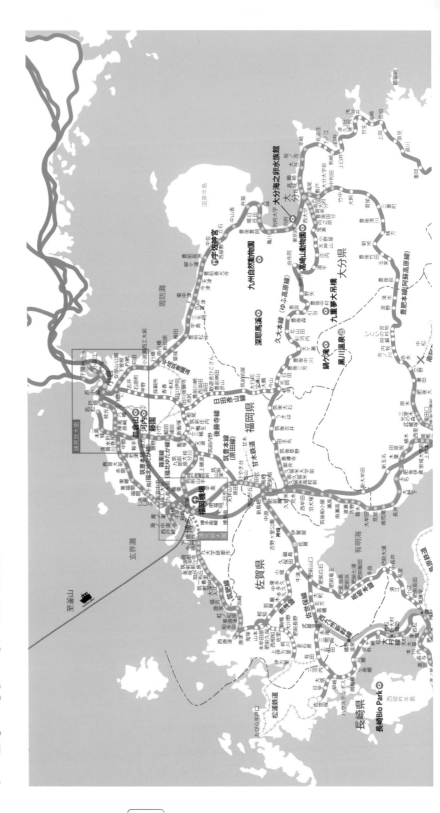

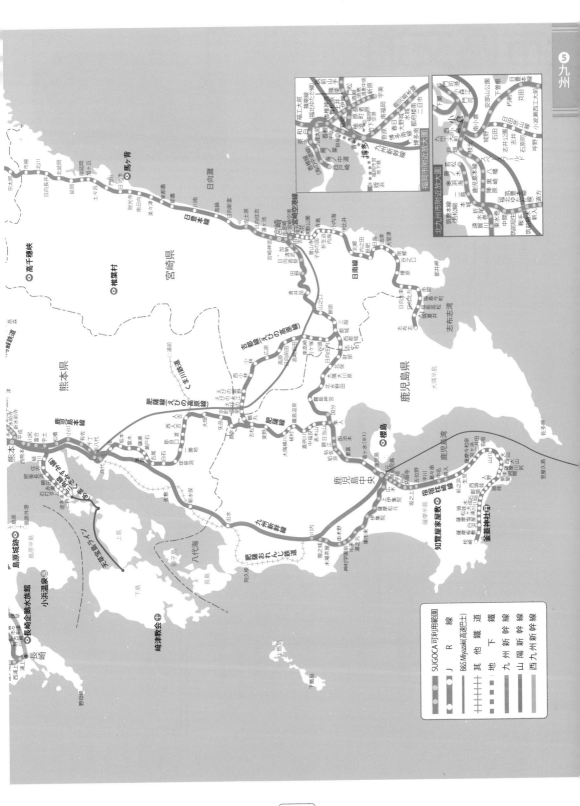

市區交通
放大看清楚！

長崎電鐵

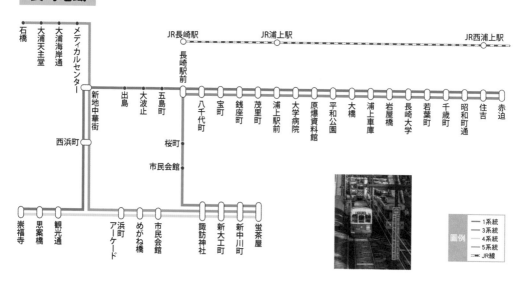

石橋・大浦天主堂・大浦海岸通・メディカルセンター・新地中華街・西浜町

JR長崎駅　JR浦上駅　JR西浦上駅

長崎駅前・出島・大波止・五島町・桜町・市民会館・八千代町・宝町・銭座町・茂里町・浦上駅前・大学病院・原爆資料館・平和公園・大橋・浦上車庫・岩屋橋・長崎大学・若葉町・千歳町・昭和町通・住吉・赤迫

崇福寺・思案橋・観光通・浜町アーケード・めがね橋・市民会館・諏訪神社・新大工町・新中川町・蛍茶屋

圖例
— 1系統
— 3系統
— 4系統
— 5系統
▪▪▪ JR線

鹿児島市電

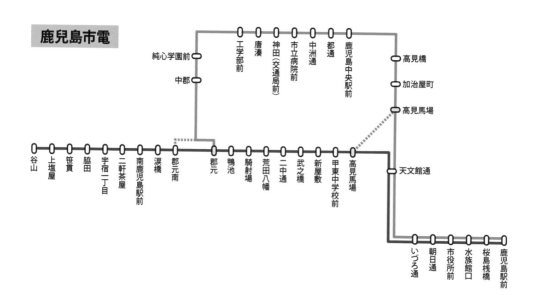

純心学園前・中郡

工学部前・唐湊・神田（交通局前）・市立病院前・中洲通・都通・鹿児島中央駅前

高見橋・加治屋町・高見馬場

谷山・上塩屋・笹貫・脇田・宇宿一丁目・二軒茶屋・南鹿児島駅前・涙橋・郡元南・郡元・鴨池・騎射場・荒田八幡・二中通・武之橋・新屋敷・甲東中学校前・高見馬場

天文館通

いづろ通・朝日通・市役所前・水族館口・桜島桟橋・鹿児島駅前

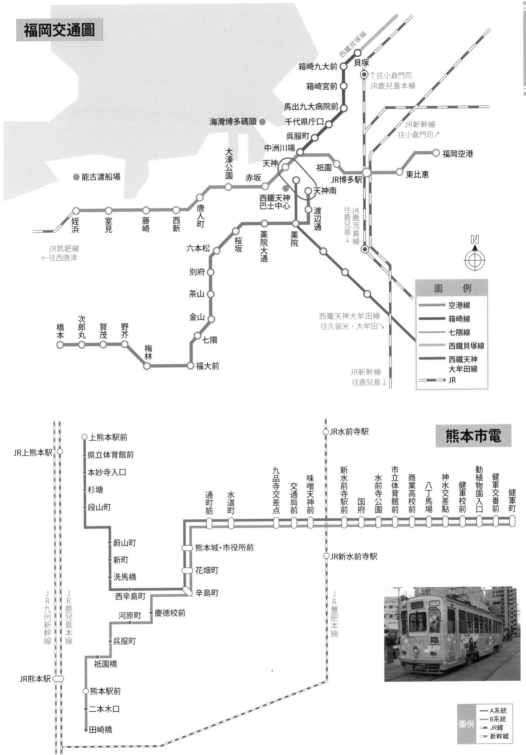

福岡交通圖

西鐵貝塚線
貝塚
箱崎九大前
↑往小倉門司
JR鹿兒島本線
箱崎宮前
馬出九大病院前
千代県庁口
海灣博多碼頭
JR新幹線
往小倉門司↗
呉服町
中洲川端
福岡空港
大濠公園
天神
祇園
東比惠
赤坂
JR博多駅
能古渡船場
天神南
西鐵天神
巴士中心
渡辺通
JR
鹿
兒
島
線
往
鹿
兒
島
↓
姪浜 室見 藤崎 西新 唐人町
JR筑肥線
←往西唐津
六本松
桜坂
薬院大通
薬院
別府
茶山
西鐵天神大牟田線
往久留米・大牟田↓
金山
橋本 次郎丸 賀茂 野芥
七隈
梅林
福大前
JR新幹線
往鹿兒島↓

N

圖 例
- 空港線
- 箱崎線
- 七隈線
- 西鐵貝塚線
- 西鐵天神大牟田線
- JR

熊本市電

JR水前寺駅
上熊本駅前
JR上熊本駅
県立体育館前
本妙寺入口
杉塘
段山町
通町筋
水道町
九品寺交差点
交通局前
味噌天神前
新水前寺駅前
国府
水前寺駅前
水前寺公園
市立体育館前
商業高校前
八丁馬場
神水交差點
健軍校前
動植物園入口
健軍交番前
健軍町
蔚山町
新町
洗馬橋
熊本城・市役所前
花畑町
西辛島町
辛島町
JR新水前寺駅
河原町
慶徳校前
呉服町
祇園橋
J
R
九
州
新
幹
線
J
R
鹿
兒
島
本
線
J
R
豐
肥
本
線
JR熊本駅
熊本駅前
二本木口
田崎橋

圖例
- A系統
- B系統
- JR線
- 新幹線

有什麼優惠車票適合我？

	JR九州鐵路周遊券 JR Kyushu Rail Pass	SUN Q Pass SUN Qパス
使用區間	九州新幹線(博多~鹿兒島中央、武雄溫泉~長崎) JR在來線：全九州	幾乎可搭乘九州7縣99%的長途巴士及市內路線巴士
價格	全九州版 3日¥17000 5日¥18500 7日¥20000	全九州版¥14000
有效時間	連續3/5/7日	連續4日
使用需知	・可免費取得指定券 ・另有北九州、南九州版本 ・無法搭乘屬於JR西日本營運山陽新幹線(博多~小倉、新下關~博多)，但可搭乘JR在來線(博多~小倉)。 ・無法搭乘JR九州巴士、B&S宮崎巴士、寢台觀光列車九州七星號、綠色車廂(需另購買特別急行券、Green券)	・搭乘長途巴士時需先預約，乘車時間15分鐘之前到巴士站兌換座位券，上車時需同時出示SUN Qパス與座位券 ・巴士正前方會貼有SUN Qパス全九州或北九州的字樣供旅客辨識 ・可享沿線設施、租車折扣優惠 ・另有北九州、南九州、全九州3日版本
售票處	**JR綠色窗口**：博多、小倉、門司港、佐賀、長崎、佐世保、別府、大分、熊本、鹿兒島中央、宮崎、宮崎機場 **JR九州旅遊支店**：博多、小倉、佐賀、長崎、大分、熊本、鹿兒島、宮崎 **旅行中心**：門司港、佐世保、別府各站	在全九州的重要巴士車站都可購買
官網		
購買身分	非日本籍旅客，購買需出示護照。	非日本籍旅客，購買需出示護照。

福岡悠遊卡 FUKUOKA TOURIST CITY PASS	九州交通宮崎巴士一日券 Visit Miyazaki Bus Pass	柳川特別套餐車票 柳川特盛きっぷ
JR鹿兒島本線(竹下~香椎)、JR香椎線(香椎~西戶崎) 昭和自動車巴士(姪浜駅南口~Marinoa City福岡) 福岡市交通局地鐵全線 西日本鐵道巴士(福岡都心Free Area) 西鐵電車(福岡天神~太宰府)	宮崎縣市內「宮崎交通」營運的一般公車路線	柳川到指定車站的西鐵來回車票 柳川名物鰻魚飯(或柳川鍋)8選1 柳川觀光開發手搖船乘船票
福岡市內+太宰府版¥1820	¥2000	福岡天神駅出發¥5260
1日	1日	2日
·下車時向司機或站務人員出示日期 ·另有福岡市內版(不含西鐵電車) ·可享沿線設施優惠	·跨縣市、宮崎市區前往高千穗或延岡的高速巴士、定期觀光巴士、社區巴士不適用	·福岡至柳川的來回車票，皆是途中下車即無效 ·享沿線設施折扣優惠
天神巴士中心、博多巴士總站、福岡空港発着所、西鐵福岡(天神)站、博多港國際碼頭綜合案內所、博多站綜合案內所、天神觀光案內所、博多市地鐵的客戶服務中心(天神站、博多站的定期券發售所)	可在宮崎駅內的觀光案內所、宮崎駅バスセンター，或宮崎交通的延岡分店以及特約合作飯店購入	福岡(天神)站、藥院站、大橋站、春日原站、下大利站、二日市站、太宰府站、朝倉街道站、筑紫站、三國丘站、小郡站、宮之陣站、久留米站、花畑站、大善寺站、新榮町站、大牟田站等西鐵各站
非日本籍旅客，購買需出示護照。	非日本籍旅客，購買需出示護照。	非日本籍旅客，購買需出示護照。

福岡近郊的一日行程

太宰府　天滿宮　柳川　鰻魚飯　遊河　神牛

太宰府與柳川位於福岡的南側，兩處很適合串聯起來做福岡近郊的一日行程。早上先到柳川撐舟順著水道前行，聽著船夫吟誦歌謠，結束後來到太宰府，參拜供奉著學問之神的太宰府天滿宮，逛逛參道。

早
09:00 西鐵福岡駅
　　　柳川
　　　お堀めぐり
　　　柳川藩主立花邸御花

午
12:00 皿屋福柳／午餐
15:00 太宰府天滿宮
　　　光明禪寺
　　　かさの家
　　　星巴客

晚
17:57 西鐵福岡駅

撐篙悠遊川流間 午後拜訪學問之社

福岡市的近郊景點！

Point!
利用西鐵的「柳川太宰府一日券」，包含來回車票(含中途一下車點)、柳川遊船船票，一人只要￥3080。

Start！

09:00 ￥860

西鐵福岡(天神)駅
西日本鉄道

搭電車 **49**分
搭9:00發的
天神大牟田線特急

09:49
西鐵柳川駅
西日本鉄道

步行 **5**分
出站沿河至三柱神社欄干橋旁的「松月乘船場」

柳川

10:00

柳川觀光開發 お堀めぐり

柳川水道有幾近300年的歷史，為配合細窄的水路，遊船仍為人力木船，身手靈活的船夫們是當地農漁民趁著農暇時為遊客撐篙，順道介紹柳川的沿岸美景。

時間 9:40~16:10，隔30分一班船
價格 ￥1700

￥1700

搭船 **70**分
搭乘柳川遊船玩賞柳川美景，至終點「御花」下

柳川

11:20

柳川藩主立花邸 御花

雅致的和風庭園旁邊是一幢聳立的舊式西洋館，它曾是日本戰國時期柳川藩主立花宗茂的官邸。庭園模仿仙台松島的松濤園，種植了280棵松樹，已成為國家指定名勝。

時間 10:00~16:00 價格 入園￥1000

步行 1分 沿著河走即達

皿屋福柳

柳川

12:00

皿屋福柳是自江戶時代中期創業至今有250年歷史的老舖。招牌蒸籠鰻魚飯,鰻魚細緻柔軟,原汁原味就很迷人,搭配店家祖傳醬汁又是另一種層次的美味。

時間 11:30-14:30 **休日** 週四、每月第2、4個週三 **價格** うなぎせいろむし(蒸籠鰻魚飯定食)¥3000

¥210

至「御花前」站搭13:19的西鐵巴士回車站

搭巴士 15分

西鐵柳川駅 西日本鉄道

13:34

¥680

搭電車 1小時 搭13:44往福岡的特急,至西鐵二日市駅換14:37往太宰府的普通車

太宰府駅 西日本鉄道

14:46

出站順著參道即達

步行 5分

太宰府天滿宮

太宰府

15:00

太宰府天滿宮是以求學識聞名的神社,也是全日本天滿宮的總社,穿過3座御神橋,越過心字池即達正殿。境內也可看到許多牛的銅像與石像,據說摸摸它的頭再摸自己的頭,就會變聰明哦!

時間 6:30~19:00 **休日** 寶物殿週一休 **價格** 境內自由參觀;寶物殿¥500

參道上的大鳥居建於鎌倉末期,以花崗岩製成。

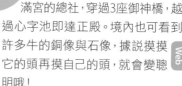

抽張籤詩求好運。

出天滿宮直行不彎回表參道即達

步行 3分

16:00

太宰府

光明禪寺

由菅原家出身的鐵牛圓心和尚所建，擁有九州唯一的枯山水庭園，後庭的一滴海庭以白砂為大海、青苔為陸地，前庭則以15顆石塊排列出「光」字，稱為佛光石庭。

時間 8:00~17:00（可能因疫情閉館） **價格** 拜觀料￥200

步行 3分 位在參道上

太宰府

かさの家

Map

Web

傳說菅原道真被流放到太宰府時飢寒交迫，當時有位老婆婆用梅枝將這烤好的餅插著遞給他，於是普通的烤餅便有了「梅枝餅」這美麗的名字。かさの家是梅枝餅老舖，可外帶也可內用。

時間 10:00~17:00 **價格** 梅ヶ枝餅￥650／5入

16:40

步行 1分 位在參道上

17:00

太宰府

星巴克

這家星巴克早已是旅客朝聖之處，不僅因為它是大師之作，其新舊交融的設計概念，與周邊街道的融合，更是趣味。

時間 08:00~20:00

Map

Web

順原路回到車站

步行 5分

太宰府駅 西日本鉄道

17:20 ￥410

搭電車 34分 搭17:23發的普通車至「西鐵二日市」駅換乘往福岡的特急

西鐵福岡（天神）駅 西日本鉄道

17:57

Goal !

⑤ 九州

昭和時代的懷舊溫泉旅行

別府地獄　湯布院
溫泉旅館　金鱗湖　地獄蒸料理

有著「豐後富士」之稱的由布岳山腳下，以優越位置和豐沛泉量的溫泉，成為觀光地。無論是商店街、招牌或是溫泉旅館，都有著迷人的舊日魅力，頗適合放慢腳步細細品味。

早　**08:30** 別府駅
地獄巡禮

午　**11:00** 地獄蒸工房鐵輪／午餐
湯布院溫泉
B-SPEAK 本店
Snoopy 茶屋
FLORAL VILLAGE
金鱗湖

晚　**16:30** 玉之湯

JR日豐本線

別府地獄
別府溫泉 ♨
別府

由布院溫泉
由布院

大分

JR久大本線

別忘了品嚐溫泉蒸料理。

溫泉地獄走一趟 美肌之湯助好眠

Point!

串聯別府與湯布院的行程，建議搭乘ゆふりん，一天只有8班次，需要確認好時間。

Start!

08:30 🚃 別府駅 JR線

¥340

搭巴士 **30**分 別府駅東口搭8:40ゆふりん在「鉄輪2」站下

別府

09:10 **別府地獄巡禮**

由於此區位居火山地帶，地面常常動不動就噴出攝氏百度的蒸氣、熱水、和滾燙的泥巴，在江戶時代因為受到佛教影響，遂將這個地區冠上「地獄」之名。

Map

Web

[時間] 8:00~17:00 [價格] 單一場所入場券¥450。7地獄共通観覧券¥2200

白池地獄透明泉水因為溫度與壓力的下降而呈現淡青白色。

海地獄像是一鍋冒著蒸氣的藍色水彩！

鬼石坊主地獄四處不間斷地冒著滾熱灰色泥湯，好像和尚光頭。

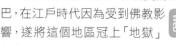

爐灶地獄擁有6種不一樣的地獄景觀，時間不夠可只看這裡。

「鉄輪2」站經縣道218第一路口左轉

步行
3分

別府

地獄蒸工房 鐵輪

Map

11:00

來到地獄蒸工房便可以自己料理別府的特色地獄蒸料理。每種食物需要蒸的時間不同，遵照店家的指示，購買食券後，將食物放到爐子中蒸上個幾十分後，香噴噴的特色料理便完成了。

Web

時間 10:00~20:00　**休日** 每月第3個週三(遇假日順延)　**價格** 蒸15分鐘￥400起。食材費用依組合而異。

¥880

至「鉄輪2」站繼續搭12:02發的ゆふりん
至終點「由布院駅前BT」站下

搭巴士
45分

12:48

由布院駅前BT
ゆふりん

出站後經由布見通直行即達

步行
6分

湯布院

B-SPEAK 本店

Map

13:00

B-speak是由山莊無量塔開設的小糕點舖，最有名的便是賞味期限只有一天的瑞士卷，想品嚐這鬆軟香甜滋味，太晚可能會買不到！最好事先電話預訂。

Web

時間 10:00~17:00　**休日** 不定休(1年2次)　**價格** Pロール(瑞士卷)￥1520，切片￥540

步行
6分

出店後轉入湯の坪街道直行即達

湯布院

Snoopy 茶屋

Map

13:30

店內裝飾著和風的史努比繪畫、擺放許多相關書籍，就連菜單上都印著燙金的史努比。做成史努比形狀的蛋包飯、棉花糖，不論正餐或是甜點都可以看到史努比的身影，吸引許多人前來朝聖。

Web

時間 茶屋10:00~17:00、雜貨9:30~17:00

沿湯の坪街道繼續直行即達

步行 **1**分

14:30 湯布院

FLORAL VILLAGE

爬滿藤蔓的外牆、一個個黃色的小屋，迥異的建築就像拐進了歐洲小鎮，光是建築就足以吸引遊客在此流連忘返，園內還有餐廳、特產店、小店舖，甚至還有小型的動物園，十分值得一逛。

時間 9:30~17:30

步行 **5**分 不走大路，從FLORAL VILLAGE旁的小路轉入即達

湯布院
金鱗湖 **16:00**

數條小溪流貫而入，加上有溫泉湧出，氣溫低的時候，湖面升起一片白色霧靄，周圍圍繞著杉樹林，宛如某個東歐隱世小鎮的不知名湖泊。

時間 自由參觀

步行 **10**分 沿著注入金鱗湖的河川往回走即達

湯布院
玉之湯 **16:30**

玉之湯利用大自然裡恣意生長的茂密樹林，營造出絕世獨立般的世外桃源。15棟分離的建築群安靜地分布在三千坪樹林中，從旅館內的任一角落都可輕易地眺望這片綠意，整體給人整潔大方、舒適卻不沉重的舒暢感。

價格 一泊二食，二人一室每人¥35790起

Goal！

佐賀三大景點精華行程

有田燒　美人湯　佐賀牛　陶山神社　武雄

有田的陶瓷器聞名全日本，有田燒幾乎就是日本燒物的代名詞，雖然景點分布廣，但遊逛車站附近就很夠。下午來到武雄溫泉逛逛，夜宿三大美肌之湯的嬉野溫泉，好好犒賞自己。

早

09:00 上有田駅
有田
窯壁小徑
陶山神社
楠
Fountain Mountain

午

12:56 武雄
カイロ堂／午餐
武雄溫泉樓門
武雄神社
16:30 嬉野溫泉
湯宿廣場

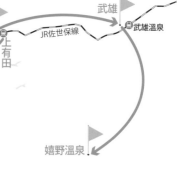

晚

17:00 茶心の宿 和楽園

日本燒物重鎮之城 泡湯飲茶啖湯豆腐

佐賀離福岡超近！適合一日小旅行

Point!

佐賀距離福岡市不遠，從福岡搭乘特急列車或高速巴士前往都十分便利。不妨安排福岡出發的一日小旅行。

Start！

09:00 🚌 上有田駅
JR線

步行 **6分**

出站後往西走再右轉，至上信平信號過馬路步入小徑左轉
有田

09:10 **窯壁小徑**

漫步其間，映入眼簾的是有田町獨有的窯壁，上頭形狀不規則且顏色多樣的「磚塊」其實是耐火磚(トンバイ)與陶器碎片、紅土混合而成，其中耐火磚為建造登窯時所使用的材料，廢棄登窯的耐火磚便藉此再次利用。

時間 自由參觀

街道兩旁都是陶器專賣店。

至大路上往西走，至札ノ辻路口進去即達
有田

步行 **5分**

陶山神社 **09:30**

從明治時期之後供奉有田燒的創始者李參平和佐賀藩藩主鍋島直茂，神社境內不只狛犬、鳥居等是陶瓷製品，最特別的是繪馬和御守，居然也是有田燒製成，全日本也只有這裡才看得到。

時間 自由參觀　**價格** 有田燒御守￥700

步行 **1分**

回到大馬路左轉
有田

楠

10:00

有田除了有很多實用的陶製杯碗，也有一些年輕人來此開設店舖。楠的店主人便以有田燒的磁土製作一個個精美飾品，十分具有紀念價值。

時間 10:00~17:00　**休日** 週二~四
價格 有田燒耳環￥1800起

逛逛大馬路的店舖後，
順著路回到車站前

步行 5分

11:00

有田 ▸

Fountain Mountain

在充滿懷舊氛圍的百年
陶舖老屋中，Fountain
Mountain以地域型交流空間為
主題，打造出有田的時尚休閒咖啡
廳。不只強調手沖咖啡飲品，餐
點也十分有咖啡廳特色。同時這
裡也販售少見的有田燒職人飾
品、藝品。

Map

Web

時間 11:00~17:00　休日 不定休

往回走至車站

步行 1分

上有田駅
JR線

12:41　¥280

搭電車 15分　搭12:41發車前往江北的普通車

武雄
溫泉駅
JR線

12:56

步行 1分　北口觀光案內所裡

武雄 ▸

カイロ堂

有名的鐵道便當賣店，「極上
燒肉便當」與「佐賀牛壽喜燒
便當」可是連年得獎！雖然外帶
便當才符合鐵路便當的氣氛，有時
間的話建議在店內用餐，享用熱騰
騰的現做滋味。

Map

Web

13:00

時間 10:00~18:00　價格 佐賀牛
極上燒肉弁当¥1944，佐賀牛
壽喜燒便當¥1620

步行 10分　出站左轉沿縣號24號直走，
至縣道253號右轉

武雄 ▸

14:00

武雄溫泉樓門

潔白無瑕的門座，朱紅色
樓門與飛揚的屋簷，彷若日本神
話中龍宮的溫泉樓門，是武雄最具
代表性的地標。樓門設計與東京車站相同，皆出
自日本近代建築之父辰野金吾之手。

Map

時間 自由參觀

One-day Trip

走路至神社前會看到美麗的武雄圖書館。

¥200
搭巴士
5分

在「武雄溫泉入口」站搭市內循環巴士至「武雄高校前」下走9分

武雄

14:40

Map

Web

武雄神社

武雄神社的本殿以白色為基調，優雅秀麗，在日本神社中甚為少見。穿過鳥居右轉，遠遠就能看到兩棵高聳挺拔的檜樹，被譽為結緣木，而境內也有株大楠木，是樹齡3000歲的超古老神木。

時間 自由參拜

御守「大楠守」，可保長命百歲、去病消災。

¥720
搭巴士
50分

至「ゆめタウン」站搭乘JR九州巴士嬉野線至「嬉野溫泉公車站」下車

嬉野

16:30

湯宿廣場

湯宿廣場足蒸的高溫蒸氣，為嬉野溫泉天然溫泉水經特殊技術所製成，蒸氣化後的溫泉水粒子約為0.38奈米，為毛孔大小的20萬分之一，不僅具有高度滲透力，連美肌之湯的功效也更容易被吸收。

Map

時間 足湯7:00~23:00、足蒸9:00~20:00 **價格**

聯絡飯店可至巴士中心接送

搭接駁車
3分

免費

嬉野

17:00

茶心の宿 和楽園

沿著嬉野川所建造的和風旅館，除了豐盛晚餐為一大享受外，這裡有日本最早的露天茶風呂「綠泉」，旁邊還放有特製的綠茶茶包，可拿起來輕輕拍打按摩身體。

Map

Web

價格 一泊二食，二人一室每人¥16830起

Goal！

多元文化並存的
長崎電車旅行

軍艦島　路面電車　眼鏡橋

長崎蛋糕　三大夜景

自1571年長崎開港以來,受到西洋與中國文化的影響相當濃厚,無論是順著坡道散步發現巷弄之間的趣味,或是從山坡上眺望長崎市街和整個港灣,都是遊玩長崎的好方法。

早	**08:00** 長崎駅 **09:00** 軍艦島
午	文明堂總本店 四海樓／午餐 **13:30** 大浦天主堂 **14:00** 哥拉巴園 **16:00** 眼鏡橋 紐約堂
晚	**17:30** 稻佐山夜景 **20:00** 長崎駅

使用路面電車1日券只要￥500

軍艦島遺世獨立 漫步坂道洋風不止

Point!
搭乘路面電車玩長崎市區十分方便,但若是腳力好的人,全部都用徒步來串聯也沒問題!

Start!

08:00

長崎駅
JR線

往長崎港方向步行,
至長崎港Terminal的やまさ海運窗口

步行
10分

08:15

長崎港
やまさ海運

09:00

Map

軍艦島
軍艦島因採煤礦而發達,但現已成廢墟般的無人孤島。島上建物因年久失修而曾對外關閉,自2009年起,開始開放觀光客隨團進入參觀。想登島必須要參加行程。**時間** 上午9:00、13:00從長崎港出發,約30分鐘後抵達軍艦島,須事先網站預約 **休日** 天候不佳時 **價格** 軍艦島上陸周遊行程￥4200,愈早訂愈便宜

Web

￥4200
搭船行程
2小時**30**分

參加やまさ海運的「軍艦島上陸周遊行程」

網站有中文,
預約超方便!

11:30

長崎港
やまさ海運

大波止駅旁

步行
6分

11:50

文明堂總本店
長崎蛋糕是長崎最有名的特產,創立於1900年的文明堂總本店是長崎蛋糕專賣店,也是將長崎蛋糕發揚光大的名店。新鮮雞蛋加上特別以佐賀糯米發酵的麥芽糖,保存開業以來的傳統技法與風味。

Map

Web

時間 9:00~18:00 **價格** カステラ0.6號￥1080

不只傳統,也研發新口味「桃子長崎蛋糕」。

12:00 大波止 長崎電軌 ¥140

搭電車 **16分** 搭1系統至新地中華街駅轉5系統

12:30 大浦天主堂 長崎電軌

四海樓

12:40

以雞骨與豬骨共同熬成的什錦麵湯頭濃郁卻不死鹹，還有滿滿的新鮮蔬菜與豐富海鮮配料，據說是四海樓創店老闆陳平順做給窮留學生吃的特別料理。

Map　Web

時間 餐廳11:30~15:00、17:00~21:00(L.O.20:00) 價格 ちゃんぽん(什錦麵)¥972

步行 **2分** 沿哥拉巴通向上坡走，第一路口左轉

大浦天主堂

13:30

Map　Web

大浦天主堂為了紀念殉教的二十六位聖人而建，是日本現存最古老的哥德式教會建築，並被指定為日本國寶，2018年7月更被列入世界文化遺產。

時間 8:30~18:00(最終入場17:30) 價格 ¥1000

步行 **2分** 向上坡走即達

哥拉巴園

14:00

哥拉巴園保存了舊居留地時代最重要的三座洋館建築——哥拉巴故居、林格故居、奧爾特故居，還移築了長崎市六座明治時期的洋館，展示舊居留地時代的生活和日本近代化的歷史。

Map　Web

時間 8:00~18:00 價格 ¥620

步行 **8分** 沿路回車站

15:30 大浦天主堂 長崎電軌

¥140

搭5系統即達

搭電車 15分

15:50
眼鏡橋 長崎電軌

出站往中島川公園
方向走

步行 2分

中通商店街是長崎
最老的商店街。

16:00

眼鏡橋

中島川上、日本最古老的
石造拱橋，連著映在水面的
倒影一起看，真的就像一副眼
鏡，與東京的日本橋、岩國的錦
帶橋並列為日本三名橋。

時間 自由參觀

至中通商店街右轉

步行 2分

 Map

紐約堂

 Map

16:15

店面小小舊舊的，更顯出這裡
菓子的歷史感。其中最特別的
就屬在一整個枇杷果實中放入
冰淇淋的甜點了，清新果香中夾
帶濃郁奶香，讓人一吃難忘。

時間 12:00~17:00 **價格** 長崎
びわの實アイス(枇杷果實冰
淇淋)¥400

Web

步行 5分

沿中通商店街往市民會館站方向走

16:30
¥140

市民会館 長崎電軌

搭電車 8分

搭3系統即達

16:50

宝町 長崎電軌

步行 10分

過稻佐橋右轉即達

17:30
¥140

稻佐山展望台

Map

海拔333公尺的稻佐山山
頂，有一座能享受360度視野
的觀景台，白天晴朗時可以遠眺
雲仙、天草、五島，更在2012
年被選為新世界三大夜景。

Web

搭電車 8分

照原路回宝町搭3系統

時間 纜車9:00~22:00，15~20
分1班次 **休日** 6月中纜車會
因整修停駛，需多加留意 **價格** 纜車大人來
回¥1250

20:00

長崎駅 JR線

Goal！

搭熊本市電
探訪熊部長、啖美食！

熊本城　熊本熊　商店街
生馬肉　路面電車

以日本三大名城——熊本城著稱的熊本市區出乎意外地雅致，銀杏造型的街燈、往來交錯的路面電車以及歷代文人雅士的舊居，都讓這座城市有著優雅清閒的氛圍。

早	**09:00** 熊本駅
	10:00 熊本城
	桜の馬場城彩苑

午	阿蘇庭 山見茶屋 熊本城彩苑店／午餐
	SWISS上通店
	14:30 熊部長辦公室
	16:00 水前寺成趣園

晚	**17:30** 上通下通
	紅蘭亭／晚餐
	20:00 熊本駅

熊本城

熊部長
辦公室

通町筋

熊本城·市役所前

花畑町

水道町

熊本花畑

JR鹿兒島本線

九州新幹線

上通·
下通

水前寺

水前寺
成趣園

新水前寺　新水前寺駅前

熊本

熊本駅前

水前寺公園

JR豐肥本線

銀杏名城 城下鬧市古今兼容

只要¥500就能輕鬆搭路面電車玩市區

Point!

毫無疑問，要玩熊本市區搭路面電車最是方便！路面電車有2條系統，主要的景點這兩條線都有到達，運氣好還會搭到熊本熊塗裝列車哦！

Start !

09:00 熊本駅 JR線

步行 **1**分　白川口出站正前方就是市電車站

09:01 熊本駅前 熊本市電
¥170
搭電車 **15**分　搭市電A系統即達

09:30 熊本城・市役所前 熊本市電

步行 **10**分　出站沿指標即達

10:00

步行 **6**分　沿行幸坂走即達

熊本城

 Map

 Web

熊本城與大阪城、姬路城合稱為日本三大名城，於2016的熊本地震中嚴重受災，經過整修後，天守閣已在2021年修復完畢，並開放特別展覽，展示熊本城在昭和與平成年間的修建模型。

時間 9:00~17:00 休日 12/29~12/31 價格 ¥800，熊本城與湧々座共通入園券¥850

桜の馬場 城彩苑

 Map

 Web

城彩苑可分為二大部份，湧々座為歷史文化體驗設施，館內讓參觀民眾可以聽、看、接觸到熊本城的歷史文化。而桜の小路伴手禮區可以找到各種熊本才買得到的名產與美食。

時間 桜の小路(伴手禮區)9:00~18:00。湧々座9:00~17:30 休日 湧々座12/29~31 價格 湧々座¥300

第三天守「宇土櫓」

熊本城有3座天守閣，並有29道城門，易守難攻！

城彩苑境內　步行 1分

11:30 阿蘇庭 山見茶屋 熊本城彩苑店

山見茶屋是阿蘇的知名店家,城彩苑內的這家分店與本店一樣,也是提供熊本鄉土料理的餐廳,特別的是店內的料理幾乎都是選用產自阿蘇的食材,鮮甜的蔬菜、野菜之外,還有馬肉、肥後赤牛等肉料理,也可以在這裡體驗「田樂」,品嘗各式的阿蘇美味。除此之外,店家也有販賣當紅的CREMIA冰淇淋,濃郁的奶味也非常值得一試喔。

時間 11:00~19:00(L.O.19:00)
休日 年末　**價格** たかな飯定食
(高菜炒飯套餐)￥1,100、CREMIA冰淇淋￥500

順著電車道走,至PARCO進入對面商店街　步行 8分

SWISS上通店　13:00

熊本第一家販賣鮮奶油蛋糕的甜點店,店內最有名的商品就是Liquor Marron,蛋糕部分吸滿了甜甜的利口酒,像三明治一樣中間包了栗子奶油可是SWISS的獨家美味。

時間 10:00~20:00　**價格** Liquor Marron￥280

步行 2分

鶴屋百貨東館1樓

14:30 熊部長辦公室

鶴屋百貨東館一樓的熊本熊廣場,有間熊部長辦公室,只要在官網公布的時間來到這裡,熊本熊便會登上舞台與大家互動、帶動跳,大家都深陷他的可愛魅力!

時間 熊本熊廣場10:00~17:00。熊本熊出場時間為週末11:30、15:00,確切時間請至官網確認。　**休日** 週二

鶴屋百貨本館6樓有間熊本熊專賣店,商品齊全!

出百貨即是　步行 1分

15:30 水道町 熊本市電

¥170

搭電車
15分

搭市電A或B系統皆可達

水前寺
公園
熊本市電

15:50

步行
3分

出站往北過停車場
即達入口

16:00

水前寺成趣園

水前寺成趣園的原型為水前寺御茶屋,由肥後藩主細川家歷經三代所建,從阿蘇火山引流而來的地下泉水環繞著整座庭園,屬於桃山式的回遊庭園。

Map

Web

時間 3~10月7:30~18:00、11~2月8:30~17:00 **價格** ¥400

¥170

搭電車
15分

回水前寺公園搭市電A或B系統皆可達

通町筋
熊本市電

16:50

步行
1分

下車即達

Map

上通‧下通

上通Web

下通Web

17:30

來到熊本的繁華天地,不論是上通還是下通,逛一圈大概要2個小時以上,若是加上用餐的話,時間最好要再延長。

時間 10:00~22:00,各店舖不一

步行
2分

往北至商店街中

紅蘭亭

18:00

紅蘭亭是創業於1934年的熊本中華料理老舖,招牌料理太平燕最特別的地方在湯冬粉上放上個「虎皮蛋」,QQ的口感配上由雞骨、豚骨共同熬出來的鮮美湯頭,加上滿滿的新鮮蔬菜,堪稱美味。

Map

Web

¥170

搭電車
20分

至通町筋搭市電A系統至「熊本駅前」下即達

熊本駅
JR

20:00

時間 11:00~21:00(L.O.20:00) **價格** 太平燕¥980

Goal !

前進火山口 阿蘇
自駕一日遊

`活火山`　`自駕`　`溫泉`
`草千里`　`阿蘇神社`

阿蘇是火山的故鄉，一連5個火山口的特殊景致──阿蘇五岳，更是全世界最大的火山口地形，雄闊的火山、草原，下午再至黑川溫泉拜訪溫泉勝地，享受精緻的日本泡湯文化，讓人心曠神怡。

早	**08:30**	熊本駅
	09:40	阿蘇火山
		阿蘇火山博物館
		中岳火口
午		道の駅 阿蘇／午餐
	14:00	阿蘇神社
		café et brocante Tien Tien
	17:00	黑川溫泉
晚		Pâtisserie Roku
	18:00	山みず木

壯麗火口 自然絕景一望無際

阿蘇火山活動頻頻，若遇到噴煙警戒則無法上山

Point!

豪壯的阿蘇山岳景致，最適合自駕遊覽，這裡的道路寬敞，即使是開車新手也可以放心行駛，唯一要注意的就是不要超速。

Tips

由於阿蘇火山地質運動頻繁，道路管制資訊可參考阿蘇市官網。

Start!

08:30 熊本駅 JR

路上會看到像是覆倒於大地上的一顆布丁「米塚」，可說是阿蘇的地標。

開車 1小時10分 經國道57號，在立野交叉點右轉，接縣道299轉298即達

09:40 阿蘇火山博物館

阿蘇火山博物館是日本最具規模的火山博物館，最大的特色是由於不遠的中岳火山口仍在活躍著，阿蘇火山博物館內的視聽室中，可以看見架設於中岳觀測攝影機所拍下的火山口活動情形，給人身歷其境的感受。

時間 9:00~17:00 價格 ¥1100

博物館旁一望無垠的草千里是阿蘇的代表風景。

普通車 ¥800

開車 6分 繼續走縣道298接阿蘇山公園收費道路

避難所

進入火山口區域時，可以看到一座座圓頂、類似防空洞的建物，這是由於中岳火山口仍持續噴發中，為了怕遊客參觀時火山突然噴發造成傷亡，特地建造。

11:00 中岳火口

其實所謂的阿蘇火山並不是指一座山，而是包括高岳、中岳、根子岳、杵島岳、烏帽子岳五座活火山，目前開放參觀的只有五山中的中岳。中岳擁有世界最大的破火山口，火口湖蒸騰地冒著煙，空氣中瀰漫著硫磺的氣味，周邊是荒蕪的土地以及暗紅的山脈。

時間 阿蘇山公園收費道路3月20日~10月8:30~18:00、11月8:30~17:30、12月~3月19日9:00~17:00開放，結束前30分關閉。 價格 免費參觀 註 每天依硫磺濃度決定是否開放，出發前請至官網確認。

縣道298往回走接111線即達

開車
25分

道の駅 阿蘇

13:00

作為旅人補充體力的地點，道の駅阿蘇有超多種類的阿蘇特產，像是必喝的牛乳ASO MILK、當地人氣蛋糕店菓心なかむら的布丁或點心、麵包名店豆の木的麵包，到這裡一趟，就可以找到阿蘇的各種名物。

(時間) 9:00~18:00(依季節而異)

阿蘇神社周有22處的水基(湧水處)，可品嘗沁涼的湧泉。

經國道57號至仙醉峽入口左轉

開車
7分

阿蘇神社

14:00

全日本450座阿蘇神社的總本社阿蘇神社，在熊本地震中受創嚴重，目前正在重建，可也有少數建物保存下來。除了可參拜神祇外，境內還有可許下心願的「願掛け石」與結緣的「高砂の松」。

(時間) 自由參拜，御守所9:00~17:00

繼續直走左轉再右轉即達舊女學校跡

步行
6分

15:30

café et brocante Tien Tien

洋風的建築飄散著簡約的歐式風情，營造出舒適又讓人放鬆的寬敞空間。店內的手作蛋糕十分美味，配上一杯溫熱的紅茶，讓午後的時光更加美好。

(時間) 11:30~17:00 (休日) 週三、四 (價格) 南瓜起士蛋糕¥1000

回阿蘇神社開車，經縣道11號左轉422號，
至街觀光案內所風の舍停車

開車
30分

17:00 黑川溫泉

Map

從前黑川溫泉是溫泉療養
地，有許多農家兼營民宿。1964
年隨著公路開發讓觀光客一時湧
入，現在則因溫泉巡禮、特色美
食成為熊本不敗溫泉勝地。

Web

時間 約10:00~18:00，依店家而異

往地藏尊方向即達

步行
2分

建議把車停在觀光案內
所風の舍，在這裡蒐集
完資料後再步行遊逛。

Map

Pâtisserie Roku **17:05**

除了備受歡迎的瑞士捲之外，
店裡還有販賣泡芙、巧克力饅
頭等甜食，因為幾乎都是選用阿蘇
產的乳製品製成，每一樣都好吃得
不得了。

Web

時間 9:00~17:00 休日 週二 價格
ロール(瑞士捲)¥1200

回風の舍開車，走產業道路往東

開車
6分

18:00 山みず木

Map

山水木沿著溪谷而建，讓
泡湯客可以在濃濃綠意的
視野中，盡情享受泡湯的樂趣；
夜晚仰望高掛的明月或是澄澈夜空
的流星，5月有杜鵑花可賞，冬天
的雪景更是壯觀。

Web

價格 一泊二食，二人一室每人
¥18360起

Goal !

搭乘海幸山幸遊玩日南海岸

觀光火車　飫肥城下町　鬼之洗衣板
青島神社　鵜戶神宮

從宮崎市往南,一路上盡是溫暖明媚的南國景觀,長得茂密的椰子樹,一株株整齊排列,而湛藍的晴空和海水更是不斷地招手。搭上海幸山幸列車,順著日南海岸國定公園,欣賞獨特的濱海景觀。

早
10:00 宮崎駅
10:11 海幸山幸
11:40 飫肥城下町

午
武家屋敷伊東邸／午餐
岡本商店
旧山本猪平家
14:32 鵜戶神宮
青島屋
16:30 青島神社

晚　**18:58** 宮崎駅

宮崎
南宮崎
宮崎空港
JR日豊本線
青島　青島神社・鬼之洗衣板
伊比井
JR日南線
飫肥城下町　鵜戶神宮
飫肥
日南海岸
日南
油津

椰樹、晴空、海水 休閒度假南國樂園

來九州就是要鐵道旅行！

Tips　海幸山幸只有兩輛車廂，座位不多，想搭乘一定要事先上官網預約。

Start !

10:00　 宮崎駅 JR日南線

10:11　

海幸山幸

在神話之都宮崎旅行，也可以搭乘由神話命名的觀光列車，來趟日南海岸的一日巡禮。沿途可以觀賞山林海濱美景，海幸山幸列車因為只在假日才行駛，是十分熱門的觀光列車。

Map Web

時間 每週六、日、例假日，宮崎10:13發車，南鄉15:30發車。日期時間會依季節變更，詳洽官網。　**價格** 宮崎駅~南鄉駅，特急指定席單程￥2440

¥2080

搭電車 1小時20分　**搭海幸山幸列車至飫肥駅**

車上販售很多限量商品。

11:22　飫肥駅 JR日南線

步行 15分　**出站後順222縣道走，至後町通即達**

飫肥

11:40　

武家屋敷伊東邸

過去飫肥藩藩主伊東氏的藩邸經過改造後，再現了江戶時期的武家風格。內部設施「おび茶寮」提供了定食類的御膳，「ORANGE TEI+」則使用九州產食材做成美味義式冰淇淋。

Map Web

時間 11:00~17:00　**休日** 週二　**價格** 南蛮雞御膳￥1200

食べあるき・町あるきマップ

利用這張散步地圖，不僅可以知道飫肥觀光景點位置，還可以換得5家參與店家的商品，不論是交換點心、小禮物都十分划算。
地圖(附交換券+四館券)￥1400

回到縣道222即達 | 步行 1分

岡本商店 〔飫肥〕

12:30

　　岡本商店是一家販賣和風雜貨、飫肥杉製品的店鋪，店內有不少有趣的商品，像是帶有祝福意義的筷子、杉木做成的明信片，其中利用杉木製成的筷子被稱作「南天長壽箸」，這個名字取自日文諺語中的「難(南)を転(天)じて福と成す」，也就是逢凶化吉、扭轉局勢之意，充滿寓意的筷子也是絕佳的紀念品。

時間 9:30~17:00 休日 不定休 備註 使用「食べあるきマップ」可兌換可以換取「南天長壽箸」(也有飫肥杉明信片)

往回走左轉即達 | 步行 1分

旧山本猪平家 〔飫肥〕

12:40

　　這裡從前是以杉木材累積財富的大商人山本猪平的住宅，建築保存十分完好，與昔日樣貌幾乎沒有差異，可以看到商人宅邸的樣貌。

時間 9:00~17:00 價格 入館¥200

使用「食べあるきマップ」可兌換寿太郎卷。

至飫肥駅搭13:50的宮崎巴士，至「鵜戶神宮前」站下 | ¥920 搭巴士 42分

鵜戶神宮

14:32

　　這座斷崖絕壁中的神宮是日本神話故事中的舞台，本殿前的龜石據説是豐玉姬從海神宮來訪時所乘坐的神龜化身，現在則成為許願名景。

時間 6:00~18:00 價格 自由參拜

將許下心願的運石投入龜石，就能心想事成！

¥1030

回鵜戶神宮前站搭15:26的宮崎巴士，
至「青島」站下再步行10分

搭巴士 **40分**

前往神社途中會看到長
約8公里的鬼之洗衣板。

青島

青島屋

16:10

Map

Web

青島屋裡販賣超過500種宮
崎物產，食料、調理包、當地特
產零食，還有青島神社限定的「鴨
就宮」燒酎，參道正面入口側則販
賣雜貨、服飾，每一樣都很適合當
作伴手禮。

時間 9:00~17:00

過彌生橋即達

步行 **8分**

青島

青島神社

16:30

Map

Web

位於日向灘突出地形上的
青島，有座充滿著神話故事的青
島神社。神社主要庇祐姻緣、安產
和交通安全，受到當地人民的虔
誠奉祀。除了本殿之外，通往最
原始本宮的路上，彷彿踏入熱帶植
物園般，放眼望去，盡是茂密的植
物和樹種。

時間 自由參拜

原路回青島屋後，沿青島駅前通直走即達

步行 **15分**

18:30

🚌 青島駅
JR日南線

¥380

搭18:30的快速日南マリーン號，到「南宮崎」
轉乘宮崎空港線普通車至「宮崎」站下

搭電車 **28分**

依心願將特定顏色的紙繩
綁在夫婦蒲葵樹上的「產
靈紙縒」，粉紅色為戀愛祈
願、黃色則是祈求財運。

18:58

🚌 宮崎駅
JR日南線

Goal !

鹿兒島櫻島
一日精華行程

篤姬　櫻島　天文館商店街

白熊　路面電車

創下高收視記錄的大河劇「篤姬」的故事背景，就是在鹿兒島！除了巡遊島津藩的歷史軌跡，來段悠閒的歷史散步之外，還可以盡情享受鹿兒島的頂級美食「黑豬肉」，或是到天文館，點份「白熊」嚐嚐鮮。

 早

09:00 鹿兒島中央駅
　　　城山展望台
10:30 仙巖園
　　　薩摩玻璃工藝

 午

13:20 櫻島
　　　赤水展望廣場
　　　湯之平展望所
16:30 天文館通
　　　天文館むじゃき

晚

　　　一二三／晚餐
19:50 鹿兒島中央駅

九州新幹線
JR鹿兒島本線
鹿兒島中央
仙巖園
天文館通
JR日豐本線
鹿兒島
櫻島

買張1日券¥600可以坐市電、市巴士與City View巴士！

神聖火山 巍峨雄踞錦江灣

Point!

櫻島近期處於頻繁噴煙的狀態，所幸噴發的狀況大多不嚴重，現在能看到櫻島噴煙的才算幸運呢！

Start！

09:00

鹿兒島中央駅
JR

¥190

搭巴士 24分
東口的東4站牌搭乘City View至「城山」站下車

城山展望台的周邊有許多和西鄉隆盛相關的史蹟景點。

09:30　**城山展望台**

位於鹿兒島市中心的城山，是一座擁有600種以上亞熱帶植物茂密生長的小型山丘，從山頂的展望台能夠眺望到櫻島、錦江灣和整個鹿兒島市區。

時間 自由參觀

Map

Web

¥190

搭巴士 25分
城山站搭乘City View至「仙巖園前」站下車

10:30　**仙巖園**

仙巖園借景於櫻島與錦江灣的庭園造景是最大特色，同時也因豐富的文化遺跡而在2015年被列入世界文化遺產。自島津齊彬起，在園內及周邊從事的鋼鐵、造船、紡織事業，是日本近代化的里程碑。

Map

Web

時間 9:00~17:00　**價格** 庭園￥1000（含尚古集成館門票），御殿（附抹茶、和菓子）￥500
註 尚古集成館本館因耐震工事預計休館至2024年10月，別館則照常開放

仙巖園必吃庶民小點兩棒餅。

沿國道10號直行即達

步行
2分

想吃午餐可至附近的海豚港ドルフィンポート。

薩摩玻璃工藝

11:30

Map

Web

薩摩切子融合中國、西洋等玻璃工藝技術，從玻璃的吹整成形到切割，職人各司其職。可以到工廠參觀整個薩摩切子的製作過程，亦可購買留念。

時間 8:30~17:30，工廠見學9:00~17:00 **休日** 不定休 **價格** 免費參觀

¥190

搭巴士
11分

回仙巖園前站牌搭乘City View至「(かごしま)水族館前」站下車

13:00

🚢 **櫻島棧橋**
桜島フェリー

¥200

搭渡輪
15分

搭13:05發的渡輪

桜島フェリー是往返櫻島的便利渡輪。

13:20

🚢 **櫻島港**
桜島フェリー

¥140

搭巴士
11分

櫻島港搭13:30發的櫻島循環巴士至「赤水展望廣場」站下

13:41

赤水展望廣場

Map

赤水廣場隔著錦江灣與鹿兒島市街對望，對天長嘯的頭像與吉他石像由櫻島熔岩所雕刻製作，2004年時鹿兒島出身的長渕剛在此舉辦演唱會湧入了七萬五千人，創下了櫻島的傳說。

時間 自由參觀

¥230

搭巴士
30分

搭14:11發的櫻島循環巴士至「湯之平展望所」站下

湯之平展望所

14:40

Map

湯之平展望所海拔373公尺，是櫻島上一般人可達的最高點。登高360度環視，前方的北岳稜角清晰分明，眼下大正熔岩原綿延不絕、西側則是錦江灣與鹿兒島市街。

時間 自由參觀

搭15:10發的櫻島循環巴士至「櫻島港」站下

¥200

搭巴士
15分

15:25

櫻島港
桜島フェリー

不妨利用搭乘渡輪前的一小段空閒時間，來溶岩なぎさ公園足湯泡腳吧！

¥200

搭渡輪
15分

搭15:30的渡輪

15:45

櫻島棧橋
桜島フェリー

¥190

搭巴士
8分

回かごしま水族館前站牌搭乘City View至「天文館」站下車

16:30

天文館むじゃき

Map

Web

鹿兒島最有名的「白熊」是一碗刨冰，淋上濃濃煉乳再放上水果、紅豆等餡料，滿滿一碗十分豐富。而在刨冰上擺設的水果讓這碗冰，看起來就像是白色的熊臉，可愛名稱便誕生啦。

時間 11:00~19:00 價格 白熊

¥750

步行
4分

越過鹿兒島市電的車道，至對面商店街即達

17:30 **一二三**

黑豬肉專賣店一二三使用蕎麥麵湯，在特製鍋子中先放入大蒜、長蔥，夾起肉片放入鍋中輕輕涮過2~3次，去除掉多餘的脂肪，肉片一轉成粉紅色就可以品嘗。

Map

Web

時間 11:00~21:00 價格 黑豬肉涮涮鍋套餐¥3900起

走回電車道

步行
5分

19:30

¥170

搭電車
10分

搭市電2系統至鹿兒島中央駅前下步行10分

19:50

鹿兒島中央駅
JR

鹿兒島的招牌黑豬「六白豚」。

Goal !

沖繩排行程入門指南

沖繩

沖繩的魅力在於它的混血基因與南國海島情調，琉球歷史傳統結合日本特色與美國文化飲食，再加上海島人民與南國的熱情洋溢，讓沖繩成為日本最與眾不同的一個縣。想品味最道地的沖繩，除了藍色海岸線之外，豐富的人文、多彩的工藝都是吸引人探訪這座小島的誘人因素。

Q
我到沖繩觀光要留幾天才夠？

Q
天氣跟台灣差很多嗎？

Q
什麼季節去最美？

沖繩距離台灣近且區域小，很適合利用連假期間來趟**3天2夜的小旅行**。在天數少的情況下，建議**以那霸市觀光為主**，3天以上才適合往本島其他區域邁進。若採自駕方式遊覽沖繩，行程安排可較彈性，也能在有限時間裡多玩一些景點！

沖繩**年平均氣溫為22.4度**。冬季比台北溫暖，夏季雖然陽光較為強烈，但氣溫比台北稍低，並不似台北般悶熱。每年約**5月中旬至6月底為梅雨季**，7~9月間會有颱風侵襲。1月因東北季風而經常下雨，寒流來時最冷還會到10℃左右。

身為海島的沖繩，夏天可以體驗浮潛、衝浪、香蕉船等水上活動，無疑是最具魅力的季節。冬季雖非沖繩旅遊旺季，但值得一提的是，約從**1月份開始，便有緋寒櫻報到**，是日本最早的櫻花季。

有了基本認識後，現在就來打造最適合自己的旅遊行程吧！

從機場要搭什麼車進入市區

那霸機場→沖繩各區

單軌電車(ゆいレール)

單軌電車車站位在國內線航廈,所以從台灣飛抵那霸機場後,需要先前往國內線航廈,可以從1樓出航廈大樓直接前往,或是從2樓的連接步道前往國內線航廈,徒步約5分鐘。

◎路線與價格指南

目的地	交通方式	時間	價格
県庁前駅(國際通西端)	單軌電車	約13分	¥270
牧志駅(國際通東端)		約16分	¥300
泊港(とまりん)		至美栄橋駅約14分,再往北步行約10分。	¥300

機場直達飯店

那霸機場利木津巴士可從機場直接前往度假飯店,車票可於那霸機場國內線航廈內1樓入境大廳的空港リムジンバス(空港利木津巴士)詢問處購買。由於班次和路線會依季節調整,請務必先向入住飯店進行確認。

機場巴士
◎路線與乘車指南

國內線 巴士乘車處	巴士資訊
1號乘車處	卡努佳度假村接駁巴士
	國內線⇔國際線免費巡迴巴士
2號乘車處	[111]高速巴士：往那霸巴士總站(旭橋)、中城、沖繩南IC、宜野座IC、名護巴士總站等
	[117]高速巴士：直達美麗海水族館
3號乘車處	[23]具志川線：往那霸巴士總站(旭橋)、泊高橋、具志川巴士總站等
	[26]宜野湾空港線：往那霸巴士總站(旭橋)、泊高橋、宜野灣營業所等
	[99]天久新都心線：往那霸巴士總站(旭橋)、泊高橋、浦添総合病院西口、宜野灣營業所等
	[113]具志川空港線：往那霸巴士總站(旭橋)、中城、うるま市役所前、具志川巴士總站等
	[120]名護西空港線：往那霸巴士總站(旭橋)、縣廳北口、松尾、牧志、港川、琉球村、 萬座海灘前、許田、名護城入口、名護巴士總站等處
	[123]石川空港線：往那霸巴士總站(旭橋)、中城、知花、東恩納等
	[152] 永旺夢樂城沖繩來客夢線：往那霸巴士總站(旭橋)、中城、永旺夢樂城等
4號乘車處	[95]空港あしびなー線：往Outlet Mall Ashibinaa
12號乘車處	機場利木津巴士：前往中北部各大度假飯店

租車自駕
沖繩境內除了那霸市區有單軌電車外，其他地區並沒有鐵路交通系統，雖然有定點停留的路線巴士及觀光巴士，但為了配合巴士的時間，旅遊的彈性不免受到影響。因此，想充分享受悠閒的沖繩之旅，開車不僅讓行程的彈性增加，亦提升了探索沖繩的旅遊深度。

懶人看這裡就對了！

	機場巴士	單軌電車	租車自駕	計程車
行李又多又重	○	△	○	○
只要便宜就好	△	○	△	×
只要輕鬆就好	○	△	○	○
沒時間，要快點	△	△	△	△

○=適合　△=還可以　×=不適合

6沖繩

沖繩的東西南北
馬上看懂

西表島
小浜島
石垣島
石垣市
新石垣機場
竹富町
竹富島
黑島

伊平屋島
伊平屋村

伊是名島
伊是名村

與那國町
與那國島
波照間島

座間味村
座間味島
阿嘉島
渡嘉敷島
渡嘉敷村

久米島町
久米島機場
久米島

北大東村
北大東島

南大東島
南大東村

今歸仁城跡　　古宇利島

美麗海水族館

本島北部

部瀨明海
中公園

萬座毛

残波岬

BIOS之丘

本島中部

美國村

勝連城跡

中城城跡

波上宮　國際通
那霸機場　那霸市

瀨長島

知念岬

本島
南部

王國村・玉泉洞

224

我要住哪一區 最方便？

3天以上的行程，除了以國際通為主要住宿地外，也可以選擇北部一處作為過夜點！

國際通：
國際通是所有觀光客必定造訪的地方，兩旁各家連鎖特產店林立，周邊還有庶民市場、觀光名產、當地美食，以及許多可愛的特色小店隱藏巷弄間。這裡的住宿選擇多、價格也相對便宜，是遊玩沖繩最佳的住宿地點！

名護：
位在沖繩本島北部的名護是許多人遊玩北部的過夜停留點，市區有大型購物中心，鳳梨園、DINO恐龍公園等親子同樂的觀光景點也不少，特別適合全家大小出遊的旅人入住！

恩納：
恩納位在擁有宜人海岸美景的西海岸區，因此這裡多為海景飯店，價格相對較高，周邊有萬座毛、元祖海葡萄本店等著名景點，適合想要享受度假氛圍，或作為本島旅行中繼站的旅人。

北谷：
中部地區受到美式文化影響濃厚，尤其是北谷町一帶，一家家悠閒的小店隱藏其中，更能夠感受到在地的美式自在氛圍。熱門大型商城美國村其實就位在北谷町之內，住宿在這邊不怕沒地方逛街，還能飽覽異國風情！

伊良部島
下地島
宮古島市
➕宮古機場
宮古島

渡名喜島 | 粟國島 | 多良間島
渡名喜村 | 粟國村 | 多良間村

開車前先搞懂行車時間！

公路常見用字

IC：交流道

JCT：系統交流道，也就是兩條以上高速公路匯流的地方。

PA：小型休息站，通常有廁所、自動販賣機，餐廳則不一定。

SA：指大型休息站，廁所、商店、餐廳齊全以外，一般也設有加油站。

邊戶岬

經國道58號：約60km / 約1小時15分

經國道331號、東海岸：約110km / 約2小時20分

約28km / 約40分

約20km / 約30分

沖繩美麗海水族館　　古宇利大橋

約30km / 約50分

沖繩高速公路(沖繩自動車道)　　許田IC

約43km / 約1小時10分

約9km / 約10分

宜野座IC

約14km / 約15分

約7km / 約10分

萬座毛　　　　　　屋嘉IC

約22km / 約40分

約3km / 約3分

約12km / 約25分

殘波岬　　　　　　石川IC

約20km / 約40分

約9km / 約10分

沖繩北IC

約16km / 約40分　　美國村

約5km / 約5分

沖繩南IC

約12km / 約12分

首里城公園　　　　西原IC

那霸.國際通

約4km / 約20分

約2km / 約5分

約3km / 約3分

那霸IC　　西原JCT

約5km / 約18分

約2km / 約2分

約8km / 約15分

那霸機場高速公路(那霸空港自動車道)　　約3km / 約3分

那霸機場　　豐見城·名嘉地IC　　南風原南IC　　南風原北IC

約6km / 約6分

約4km / 約4分

約20km / 約30分　　和平祈念公園　　約12km / 約25分

有什麼**優惠車票**適合我？

	沖繩路線巴士周遊券 Okinawa Bus Pass	單軌電車一日・兩日乘車券 QR 1-day tickets (2-day tickets)	沖繩樂遊美麗海套票 Okinawa Enjoy Pass
使用區間	沖繩全島的路線巴士	24或48小時內無限次搭乘單軌電車全線	可參觀沖繩本島美麗海水族館與11處熱門景點，包括：大石林山、古宇利海洋塔、琉宮城、沖繩水果樂園、名護鳳梨公園、名護自然動植物公園、琉球村、體驗王國MURASAKI村、Bios之丘、沖繩世界文化王國玉泉洞、沖繩和平祈念堂
價格	1日¥2500 3日¥5000	1日¥800 2日¥1400	¥5900
有效時間	1/3日	1/2日	5日
使用需知	・於使用當天刮除紙卡上的日期即可使用 ・上下車時向司機出示票券 ・另外也有通用於單軌電車的聯合票券	・以24/48小時計算可跨日使用 ・享沿線設施折扣優惠 ・另有單軌電車+巴士一日券	・不包含沖繩美麗海水族館共通設施內付費設施、付費交通工具、付費體驗活動以及個人消費。 ・本通票不包含來回交通，請自行前往各設施參觀 ・另有11景點選4、11景點選5的版本
售票處	那霸機場觀光案內所、那霸巴士總站的各家巴士營業所	自動售票機(藍色機身，上頭標示有一日乘車券者)或車站窗口購買	RYUBO旅行社5間營業所，或可透過KKday等售票平台預定後直接出示電子票券使用
官網			
購買身分	非沖繩縣民之觀光客，購買需出示護照	無限制	無限制

那霸市區一日爆走行程

 國際通　波上宮　泊港漁市場　第一牧志公設市場

誰説玩沖繩沒開車就不好玩！？玩市區，光是走路就能玩遍大街小巷，品嚐所有特色小吃美食、到海邊看看超美的水藍大海。尤其超好逛的國際通，玩上一整天都不會覺得膩。

早
09:00 美栄橋駅
09:30 泊港漁市
11:00 波上宮

午
12:30 第一牧志公設市場
　　　 燕食堂／午餐
　　　 琉球菓子処 琉宮
14:30 壺屋通
　　　 壺屋燒物博物館
16:00 國際通

晚
　　　 海人
　　　 Steak House 88／晚餐
21:00 美栄橋駅

泊港漁市場
波上宮
沖繩單軌電車
美栄橋
第一牧志公設市場
牧志
國際通
県庁前
旭橋
壺屋通
首里

走進**沖繩廚房**
拜訪朝氣蓬勃的當地街市

沖繩市區徒步範圍跑透透！

Point! 在那霸市以單軌電車為主要交通工具，但這個行程其實用不太到，靠萬能雙腳在市區漫步遊逛吧！

Start!

09:00 🚌 美栄橋駅
沖繩都市單軌

步行 **20**分
北口出站，沿國道58向上走至泊港，經過那霸ハーリー会館即達

まぐろや本舗提供餐點，便宜又大碗！

沖繩方言中「いゆ」是指「魚」、「まち」則是市場。

09:30 **泊港漁市**

泊港漁市雖然只有一層樓，但裡面有24家店舖，逛逛市場，除了可以看到顏色鮮豔的各式魚貨，也有許多販售熟食小吃、生魚片、握壽司的店舖。漁市裡並沒有專門的餐飲區，不妨外帶享用。

Map

Web

時間 6:00~18:00

沿路經過波之上海灘，是那霸市內唯一的海灘！

步行 **20**分
沿海邊向南一直走即達

11:00 **波上宮**

位於斷崖上的波上宮是琉球八社中最上位的神社，境內琉球紅瓦和陶製狛犬流露出沖繩特色，別有一番風情，鄰近的護國寺和孔子廟歷史也都十分悠久。

Map

Web

時間 自由參拜

沿久米大通，經過縣庁前駅，
向國際通方向走至臨時市場

步行 30分

12:30

第一牧志公設市場

位於市場商店街中的第一牧志公設市場是販售沖繩生鮮食材的兩層樓建築，也是沖繩最著名的觀光市場，可以在這裡感受到沖繩當地活力滿滿的生活面貌。

時間 8:00~21:00，依店家而異
休日 每月第4個週日(12月除外)、日本新年等，詳細依店家所示　**註** 市場整修中，店家移至鄰近的臨時市場，預計2023年4月重新開放

臨時市場中

步行 1分

燕食堂

13:00

燕食堂有中文菜單，除了代客料理之外，燕食堂也有台灣和中華料理以及沖繩料理提供單點，像炒苦瓜、滷豬肉、炒羊肉等沖繩家常菜都能吃得到。

時間 10:00~21:00(L.O.20:00)　**休日** 與市場公休日相同　**價格** 代客料理1人¥500　**註** 市場整修中，店家移至鄰近的臨時市場

向東行即達平和通

步行 4分

琉球菓子処 琉宮 平和通り店

14:00

琉宮是提供沖繩甜點的菓子鋪，最有名的就是沖繩特產「サーターアンダギー(砂糖天婦羅)」，除了一般的甜味之外，店家還獨創了黑糖、椰子、芝麻等多種口味，以及尺寸比較小的「ちっぴるー」。在店裡附設的座位區還可以來一杯火龍果汁，或是點上一份放了豐富配料的剉冰沖繩ぜんざい，還可以配上綜合的「ちっぴるー」一起享用，一次就能吃到多種不同口味，讓人感到心滿意足。

平和通裡好逛好買的也不少！

壺屋やちむん通り裡，小巷和特色陶器交織成的獨特魅力。

經平和通往下走即達

步行 5分

時間 10:30~18:00　**休日** 第3個週四　**價格** サーターアンダギー¥140/個、トリオちっぴるー¥1,250/包(10入)

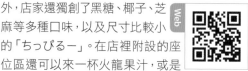

14:30 壺屋燒物博物館

壺屋通

Map
Web

壺屋燒物博物館對壺屋燒和沖繩陶器提供了清楚而淺白的說明。1樓以沖繩陶器的歷史為主軸，帶參觀者從陶器的最初開始，了解沖繩陶器的發展，2樓則展示壺屋燒的技法、製作過程及特色作品。

時間 10:00~18:0 休日 週一(遇假日開館)、12/28~1/4 價格 ￥350、大學生以下免費

走回國際通左轉直行　步行 **8**分

16:00 海人

國際通

Map
Web

專賣創作T恤的海人，不論在色調或意象上，都洋溢著濃濃的沖繩海洋風。店內的沖繩小物也由店家親自設計，米子燒的風獅爺色彩明艷，相當討喜。

時間 10:00~21:00

步行 **4**分　出店右轉沿國際通直行

17:00 Steak House 88

國際通

Map
Web

老字號牛排館不僅餐點品質有保證，選擇也很豐富，可以花少少預算吃到沖繩和牛的美味。熟度適中、肉香四溢的牛排，在復古的牛頭造型鐵板上滋滋作響，看了就令人垂涎不已。

時間 17:00~23:00(L.O.22:00) 價格 各式牛排約￥1800起

步行 **13**分　沿路逛國際通，至沖映通左轉直行即達

21:00 美栄橋駅 沖繩都市單軌

吃飽還可以到24H唐吉訶德大採買！

Goal！

沖繩北部
名景順遊自駕行程

鯨鯊　水族館　古宇利大橋　今歸仁城跡　萬座毛

沖繩北部的海洋博公園內幾乎是每個來到沖繩的遊客都會造訪的景點，從那霸市區出發，沿路欣賞美麗海景，途中繞到古宇利島找尋愛心石，下午待在水族館後再入住附近飯店。

早
08:00 那霸市區
09:00 萬座毛
10:00 部瀨名海中公園
11:30 古宇利島
　　　　心形岩

午
　　　　L LOTA／午餐
14:30 今歸仁城跡
　　　　ちゃんや～
　　　　備瀨福木林道
16:30 美麗海水族館

晚
19:30 ちゃんや～

美麗海水族館　　　　　　　　　古宇利島
　　　　　　今歸仁
　　　　　　城跡
　　　　　　　　　　　　　　　屋我地島
瀨底島　　　　　　　　　　　奧武島

部瀨名海中公園

從那霸
市區出發　萬座毛

水族館、海豚劇場
加上**植物園**等的超級公園

認真玩的話水族館就能玩一整天！

Point!

看似範圍不大，但每個景點開車還是需要點時間，排行程以順遊為佳，千萬不要一次擠太多。

Start！

08:00

🚃 美栄橋駅
沖繩都市單軌

普通車 ¥680

開車 50分　上沖繩自動車道在屋嘉IC下交流道
接縣道88即達

萬座毛

09:00

Map

萬座毛是恩納海岸的知名景點，名字的意思是「可以坐一萬人的空地」。順步道繞行寬闊的珊瑚礁岬角上，兩側植物都是適合海岸地形的原生植物，沿途可以望見遼闊的海洋景色和北側的萬座海灘，附近大象形狀的斷崖，則是萬座毛最具代表性的一席風景，也是韓劇「沒關係，是愛情啊！」來沖繩的取景地之一。

時間 自由參觀

沿國道58號開　開車 22分

部瀨名海中公園

10:00

Map

Web

沿著美麗的部瀨名海灘前行，可以抵達海中公園的玻璃船碼頭和海中展望塔。海中展望塔順著環狀樓梯往海裡走，透過圓形窗戶，欣賞海底的珊瑚礁和熱帶魚群！

時間 海中展望塔9:00~18:00，11~3月至17:30　**價格** 海中展望塔¥1050，玻璃船¥1560，套票¥2100

鯨魚造型的玻璃船透過中央的玻璃船底，可以看見滿滿珊瑚礁！

沿國道58號接縣道110號，
開過古宇利島大橋往ティーヌ浜方向

開車 50分

美麗的古宇利大橋。

12:00　心形岩

來到古宇利島北側，順著指標往下走，很快就能來到ティーヌ浜，而兩塊蕈狀岩「心形礁岩」即佇立在蔚藍的淺海上，當兩塊岩石重疊時就能看到愛心。

時間 自由參觀　**註** 當地有數個私人停車場，1小時￥200~300不等

正中午來海水最透明！

往回開向古宇利大橋方向即達

開車 5分

L LOTA

L LOTA提供法式餐點，大量運用了當地生產的季節蔬菜，也有經典的馬賽魚湯，縣產海鮮、大蝦、淡菜的鮮甜濃縮其中，用麵包吸取湯汁，最能吃出美味。

13:00

時間 午餐12:00~16:00，晚餐18:30~21:00　**價格** 法式吐司￥1400

©One Suite

窗外大片美景可以説是古宇利島上最奢侈！

過古宇利大橋後接縣道248號，
再至國道505號右轉直行

開車 30分

14:30　今歸仁城跡

琉球王國統一之前北山國王的都城六層綿延層疊，媲美首里城，還擁有「攻不落城」的豪壯稱號，於2000年登錄為世界遺產。沿著石級可以一路前往都城中心。

時間 8:00~18:00，5~8月~19:00　**價格** ￥600

昭和年間修復的平郎門是古城的正門。

繼續直行國道505號接縣道114號
至備瀨福木林道

開車
10分

15:30

ちんや〜

位在備瀨福木林道的ち
んや〜古民家整理後作為
民宿，主人以提供一泊一食的
方式，增加與旅人接觸，並說明
沖繩文化的機會。入住古民家民
宿，當一晚沖繩人吧。

Map

Web

時間 Check-in 15:00〜、Check-out
〜11:00　價格 一泊一食方案，兩人一室約¥14498

步行
1分　民宿即位在福木林道內

備瀨福木林道

Map

16:00

備瀨聚落利用福木（フクギ）
作為家戶以及街道之間的區
隔，形成了一條條的綠色隧道，在樹
影中信步遊走、欣賞聚落風景，最
能體會島嶼的悠閒時間。

時間 自由參觀

回停車處開車，走縣道114即達

開車
2分

16:30　### 沖繩美麗海水族館

Map

這裡是全日本最受歡迎的
水族館，從3樓的珊瑚大廳入場
後，可以從深度最淺的礁湖開始，
一路走訪愈來愈深的水域，欣賞
沖繩近海740種美麗生物。

Web

時間 8：30〜20：00，10〜2月
8：30〜18：30　休日 不定休　價格
¥2180，16:00以後入場¥1510。6歲以下免費。

原路開回
民宿ちんや〜

開車
2分

黑潮之海的超大型
水槽有夢幻鯨鯊。

在礁湖的生物區可以
親手摸摸海星、海參
等淺海生物。

19:30

Goal！

本島中部

🏷 海景　美國村　沖繩麵　陶藝之里　購物中心

山海購物一日行

離開那霸市後沿著國道58號一路向北，沿途可觀賞沖繩最著名的西海岸風光，並串連美國村、殘波岬等必訪觀光景點；沿山面也有列入世界遺產的3座古城跡，雖然不如西海岸熱鬧，但依舊有著令人驚嘆的美麗海景。

早
08:00 那霸市區
09:00 殘波岬
やちむんの里
パン屋 水円／午餐

午
12:30 BIOS之丘
15:00 勝連城跡
Aeon Mall Okinawa Rycom

晚
18:00 American Village
19:30 浜屋／晚餐
20:30 那霸市區

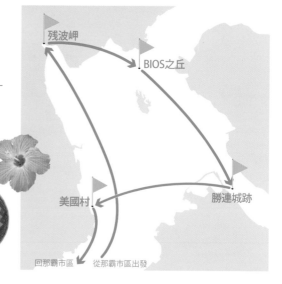

残波岬
BIOS之丘
美國村
勝連城跡
回那霸市區　從那霸市區出發

開車奔向藍天大海
體感充滿悠閒的島嶼時光

自駕遊首選路線

Point! 國道58號沿著西海岸線延伸，沿路有城市、景點、海灘、美麗海景和涼爽海風相伴，雖然車流不少，仍是相當愜意的一段路。

Start!

08:00 美栄橋駅 沖繩都市單軌

開車 **60**分 沿國道58號向北開，接縣道6號即達

殘波岬雖然地處偏遠，但風景十分壯麗。

09:00 **殘波岬**

從突出的殘波岬角上能夠望見連續2公里的斷崖海岸，景色壯觀。白色的殘波岬燈塔約有40年歷史，2001年開始開放參觀，登上急陡的階梯後，360度的遼闊風景令人讚嘆。

Map

時間 殘波岬自由參觀，燈塔9:00~16:30(3~9月平日9:30~16:30) **價格** 燈塔¥300

沿縣道6號往南開至縣道12號左轉直行即達 開車 **20**分

やちむんの里 **10:00**

Map

やちむんの里就是沖繩方言的「陶器之里」。不同於其他觀光地區，這裡原本只是陶器工房的聚落，因為緩慢閒適的步調，吸引旅人前來逛逛陶器、喝喝咖啡。

時間 依各工房而異

各工房間的距離均在徒步範圍之內。

順著山勢向上延伸的登窯。

開車 10分 沿縣道12號往回走即達

11:00

パン屋 水円

 Map
 Web

賣完就收的麵包店,最大特色就是天然酵母、石窯燒烤。使用宮崎縣產的無農藥玄麥、裸麥,未添加任何蛋或乳製品,經過石窯烤出特殊香氣,外表樸實,吃起來很紮實。

時間 10:30～麵包售完為止　**休日** 週一～三

開車 30分 縣道12號接國道58號,仲伯交叉點右轉接縣道6號

12:30

Bios之丘

Map
Web

Bios之丘循地勢而建,與原生植物創造出充滿自然氛圍的美麗亞熱帶森林。你可以尋找樹蔭下生長的蘭花、在清澄湖面上泛舟悠遊、穿梭筆筒樹林間或平躺在開闊草地上,用自己最喜歡的方式,體感沖繩自然風情。

時間 9:00～18:00(入園至16:30)　**價格** 入園+乘船 ¥1800

水牛拉著牛車,帶乘客緩速繞行園區。

位於小丘之上的思御庭有幾座大大的鞦韆。

乘船繞行園內的主要湖泊大龍池。

開車 30分 從石川バイパス接國道329轉縣道10號開往勝連南風原

15:00

勝連城跡

 Map
 Web

琉球王國統一前,年輕有為的勝連城主阿麻和利,於1458年舉兵攻打首里城,遭遇大敗,黃金城般的勝連城就此湮沒歷史之中,僅留下優美的弧狀石牆,及自韓國、中國等地的出土遺物,令人遙想當年貿易繁盛。

時間 9:00～18:00　**價格** ¥600

走縣道85號即達

開車
20分

16:30

Aeon Mall Okinawa Rycom

這裡是沖繩最大的購物中心，想要血拚的話絕不能錯過！這裡進駐約220個品牌、60家餐飲店，規模非常大，建議先找好要去的店家再逛比較有效率。

時間 10:00~22:00(依各店而異)

縣道330接130，
至北谷交叉點右轉國道58號即達

開車
15分

18:00

American Village

常聽到的「美國村」其實是指北谷町美浜一帶的大型購物區域，超越了購物中心的概念，這裡是一整個美式風格的特色購物區，以Depot Island為首，美式風情的建築、餐飲、設計品牌都在其中。

時間 各店不一

摩天輪是美國村
最著名的地標！

上國道58號
1.4公里後左轉直行

開車
10分

Sunset Beach正如其名
坐擁迷人的夕陽美景。

19:30

浜屋

浜屋創立至今已30餘年，熬煮出雞、豬與鰹魚鮮甜精華的鹽味湯頭完全不使用醬油調味，加上Q彈帶勁的麵條與豐盛的配料，吃完一碗就大大滿足。

時間 10:00~17:30(售完為止)

休日 日本新年、盂蘭盆節 **價格**

浜屋そば(大)¥800

走國道58號回到市區

開車
30分

美栄橋駅
沖繩都市單軌

20:30

Goal !

本島南部

海景咖啡　Outlet　神話　琉球王國
玉泉洞　瀨長島

穿越古今小旅行

沖繩南部除了有世界遺產的王國聖域、美麗的海岸線、沙灘和濱海咖啡廳,也是二戰時戰況最慘烈的地方。同時還保留有許多古民家建築,近年也有購物中心成立,值得一一造訪。

早
08:00 牧志駅
09:00 齋場御嶽
　　　　知念岬公園
　　　　浜辺茶屋

午
12:00 奧武島
　　　　中本鮮魚天婦羅店／午餐
12:30 玉泉洞
　　　　Gangala之谷
　　　　Outlet Mall Ashibinaa

晚
18:00 瀨長島Umikaji Terrace
　　　　Taco rice cafe／晚餐
20:30 牧志駅

湛藍大海包圍下　戰地與聖域並立

喜歡買東西的人去Outlet要留多點時間

Point!

白天造訪景點、咖啡廳，下午開始購物行程，一整天下來十分充實，要注意時間的分配！

Start!

08:00

🚊 **牧志駅**
沖繩都市單軌

天然巨石圍成的聖域「三庫理」氣氛沉靜。

走國道329接507，在喜屋武交叉點右轉接縣道86直行

開車 **43**分

09:00

齋場御嶽

齋場御嶽是世界遺產，更是琉球王國的聖地，可以說是沖繩最強的能量景點！王國時代，這裡是舉行聞得大君即位儀式及國王祭拜的地方。

Map

Web

時間 9:00~18:00(11~2月至17:30) 價格 ¥300

出國道331左轉再右轉

開車 **3**分

知念岬公園

10:30

Map

知念岬位於沖繩本島的西南角，公園內帶些隱密的味道，沿著斜坡往下，大片青藍色的海洋就在眼前，視野相當遼闊。

時間 自由參觀

國道331直行至百名左轉直行

開車 **13**分

途中會經過垣花樋川，是沖繩唯一入選的日本名水百選之一。

11:00

浜辺の茶屋

浜辺の茶屋是沖繩海景咖啡店的先鋒，許多人不遠千里而來，只為了店內最知名的一幕風景：一整排直接面海、毫無阻攔的寬闊窗戶。

Map

Web

時間 10:00~18:00(週末例假日8:00~)

退潮時可以到海邊走走。

沿海邊開，奧武島大橋左轉即達

開車
5分

12:00

中本鮮魚天婦羅店

新鮮的海產天婦羅使得門口經常大排長龍，招牌口味為水雲、馬鈴薯泥、花枝等，唯一的缺點是這家店沒有座位，就站在門口吃完了再繼續上路吧。

時間 10:30~18:30，11~3月10:30~18:00 **價格** もずく(水雲天婦羅)¥100

現炸海鮮天婦羅好美味～

開車
10分

往南城市方向開，縣道17號直行

12:30

沖繩世界文化王國·玉泉洞

園內包括全長5公里(開放路段共890公尺)、充滿神秘氣氛的鐘乳石洞，能夠在古老民家中，體驗或欣賞紅型、機織、藍染、琉球玻璃等各種琉球傳統工藝。

時間 9:00~17:30(售票至16:00) **價格** 全區通票(玉泉洞·王國村·蝮蛇博物公園)¥2000。

開車
2分

就在旁邊

14:00

Gangala之谷

數十萬年前的鐘乳石洞崩解之後，植物扎根成長，形成了今日原始亞熱帶森林風貌的Gangala之谷。跟著導覽員尋訪山谷，會免費提供中英韓語的導覽機，就算不懂日文也可以看懂門道。

時間 9:00~16:00，行程約1小時20分 **價格** 導覽¥2500 **備註** 導覽行程須在參加日前一天17:00前預約，當日只能以電話預約

可坐在鐘乳岩洞內品賞咖啡的Cave café。

One-day Trip

沿縣道17向豐見城市方向走即達

開車 **30**分

Outlet Mall Ashibinaa

Map

Web

16:00

Outlet Mall Ashibinaa園區內集結了GUCCI、Marc Jacobs、Vivienne Westwood、GAP Outlet、ABC-MART等100個以上的精彩品牌與種類多樣的美食餐廳。

時間 10:00~20:00

走國道331號
接瀨長島海中道路即達

開車 **10**分

18:00

瀨長島Umikaji Terrace

聚集了手工藝品、陶器、餐飲、甜點等店舖，各有特色的小店固然吸引人，更讓人驚豔的是整個空間與氛圍。順著坡度興建的店面於緩坡上開展，階梯、躺椅、綠樹、遮陽傘，與蔚海藍天共構成清爽的海島風光。

Map

Web

時間 10:00~21:00，依店鋪而異

Umikaji Terrace內

步行 **1**分

18:30

Taco Rice Cafe

Taco Rice是由墨西哥傳統料理Taco改良而來，將墨西哥餅皮改為米飯，結合原有的辣醬、脆片、番茄、生菜及起司，酸甜中帶辛辣的口感，成為沖繩的人氣美食。

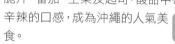

Map

Web

時間 11:00~21:00 價格 Taco Rice ￥780

開車 **10**分

瀨長島海中道路轉國道331號，接58號即達

牧志駅
沖繩都市單軌

20:30

Goal！

THEME 52

玩日本排行程超簡單 西卷

關西‧北陸‧山陰山陽
四國‧九州‧沖繩

圖解 **39條** 行程規畫路線×
景點×交通×住宿×票券×美食全制霸

作者墨刻編輯部
攝影墨刻編輯部
編輯陳楷琪
美術設計許靜萍‧羅婕云
封面設計羅婕云
地圖繪製墨刻編輯部‧許靜萍

出版公司
墨刻出版股份有限公司
地址：台北市104民生東路二段141號9樓
電話：886-2-2500-7008／傳真：886-2-2500-7796
E-mail：mook_service@hmg.com.tw
發行公司
英屬蓋曼群島商家庭傳媒股份有限公司城邦分公司
城邦讀書花園：www.cite.com.tw
劃撥：19863813／戶名：書虫股份有限公司
香港發行城邦（香港）出版集團有限公司
地址：香港九龍九龍城土瓜灣道86號順聯工業大廈6樓A室
電話：852-2508-6231／傳真：852-2578-9337
城邦（馬新）出版集團 Cite (M) Sdn Bhd
地址：41, Jalan Radin Anum, Bandar Baru Sri Petaling,
57000 Kuala Lumpur, Malaysia.
電話：(603)90563833／傳真：(603)90576622／
E-mail：services@cite.my
製版‧印刷
藝樺設計有限公司‧漾格科技股份有限公司
ISBN978-986-289-840-6‧978-986-289-842-0（EPUB）
城邦書號KX0052 **初版**2023年3月 **三刷**2023年12月
定價420元
MOOK官網www.mook.com.tw
Facebook粉絲團
MOOK墨刻出版 www.facebook.com/travelmook
版權所有‧翻印必究

執行長何飛鵬
PCH集團生活旅遊事業總經理暨墨刻出版社長李淑霞

總編輯汪雨菁
資深主編呂宛霖
採訪編輯趙思語‧陳楷琪
叢書編輯唐德容
資深美術設計主任羅婕云
資深美術設計李英娟
影音企劃執行邱茗晨

業務經理詹顏嘉
業務副理劉玫玟
業務專員程麒
行銷企畫經理呂妙君
行銷專員許立心
行政專員呂瑜珊

印務部經理王竟為

國家圖書館出版品預行編目(CIP)資料

玩日本排行程超簡單!. 西卷：關西,北陸,山
陰山陽,四國,九州,沖繩/墨刻編輯部作. --
初版. -- 臺北市：墨刻出版股份有限公司出
版：英屬蓋曼群島商家庭傳媒股份有限公
司城邦分公司發行, 2023.03
244面；16.8×23公分. -- (Theme；52)
ISBN 978-986-289-840-6(平裝)

1.旅遊 2.日本

731.9   112001426

墨刻整合傳媒廣告團隊
提供全方位廣告、數位、影音、代編、
出版、行銷等服務
為您創造最佳效益
歡迎與我們聯繫：
mook_service@mook.com.tw